映画の黄金時代

銀幕のスターたちは語る

キネマ旬報・編

キネマ旬報社

映画の黄金時代

銀幕のスターたちは語る

目次

◉コラム…… 小藤田千栄子

『おたずねします』の頃の山本恭子さん

小藤田千栄子（映画評論家）

本書籍『映画の黄金時代』の元となった、映画雑誌『キネマ旬報』に連載された映画評論家・山本恭子さんのインタビュー『おたずねします』が掲載されたのは、１９６１年のことで、私は毎号、雑誌が出るのを待ちかねて、読んでいた。映画全盛期の頂点は、すでに過ぎていたようだが、それでも映画の新作は、大きな話題であったし、それに出演している方々、あるいは作っている方々のことを知るのは、大きな楽しみであり、喜びでもあった。

いま、この連載を再読すると、現在のマスコミとの、基本的なありようの違いに気が付く。石原裕次郎へのインタビューを読んで、いきなり「ご結婚式、おめでとうございます」で始まったのには驚いた。石原裕次郎の結婚は、当時にあっても大きな話題で、新聞社系の週刊誌も、あるいは、出版社系の週刊誌も、かなり大きな記事を載せていたと思う。映画を中心にした芸能誌は、もう当然である。

そんな時代にキネマ旬報が、石原裕次郎に長文のインタビューをし、それをほとんど掲載したのは、やはりすごいことだと、いま改めて思う。同時に、石原裕次郎という人は、ステキだなあとも思う。映画評論誌、あるいは、セミ・トレード・マガジンに、こんなにも、たっぷりと話してくれたなんて。それは多分、映画評論家＝山本恭子さんへの信頼にほかならないと、私は思っている。

山本恭子さんと知り合ったのは、私が『キネマ旬報』の編集部に入った1964年のことだった。当時のキネマ旬報は、銀座並木通りの5丁目にあり、エレベーターのないビルの5階だった。当然のことながら、メールもFAXもない時代で、新入り編集部員の、いちばんの仕事は、原稿を頂きにいくことだった。入社して最初に言われたことは、丈夫な靴を買いなさいということだった。一日に何度も、エレベーターのないビルの5階まで、上り下りするので、体重が減っていくのが、すぐに分かったほどである。

当時、山本恭子さんの連絡先は、『映画の友』誌の編集部になっていた。銀座の泰明小学校の近くにあった『映画の友』誌の編集部には、原稿を頂きに、よく通ったものである。

淀川長治さんの連絡先も『映画の友』誌になっていて、このお2人の原稿は、いつも『映画の友』誌の編集部か、あるいは近くの喫茶店、さらには映画会社の試写室の入り口で頂くのが常だった。頂くのは、批評の原稿が多かったが、山本恭子さんは、英語に強い方だったので、ハリウッド・ニュースの翻訳ものなども、かなりお願いしていた。

山本恭子さんの経歴は、詳しくは知らないのだが、戦前は、上海にいらしたことがあったらしい。そのためか中華料理がお好きで、いくたび、ご馳走になったことか。

一緒に食事をしても、グルメふうにウンチクを傾ける方ではなく、ごく普通に、最近見た映画のことをお話しになるのだった。それでいながら、食事の好みなどには、やはり外国ふうと言うのか、そんな感じがしたのだった。

このインタビュー・ページの掲載写真を見ると、何枚もの和服姿があることに驚く。たしかに私も、和服姿の山本恭子さんと食事をしたことがある。だから特別のことではないのだが、いま年月を経て、和服姿での取材ぶりを見ると、やはり時代を感じてしまうのである。

登場する女優さんたちも、映画全盛期を支えた方ばかりだ。こういう方たちに、かなり突っ込んで、結婚のことなど聞いているのも、このインタビューの大きな特徴である。いまならさしずめ、ネット炎上の話題とも言えるようなことを、ごく当然のことのように問い、それに対して女優さんたちも、かなりはっきりと答えておられる。

これはもう山本恭子さんへの信頼にほかならず、『キネマ旬報』だから答えましたということもあったような気がする。

初出：恭子対談『おたずねします』（『キネマ旬報』１９６１年1月上旬〜12月下旬号より抜粋）

石原裕次郎

大人の本当のアクション映画をやりたいな、
映画はやはり面白くなくちゃね

いしはら・ゆうじろう（１９３４年12月28日〜１９８７年7月17日）
兵庫県神戸市生まれ。兄は作家で元東京都知事の石原慎太郎。衆議院議員の石原伸晃、俳優・タレントの石原良純は甥にあたる。慶応大学法学部を中退。56年兄・慎太郎が芥川賞を受賞した『太陽の季節』の映画化でデビュー。以来「狂った果実」「乳母車」56、「勝利者」「俺は待ってるぜ」「嵐を呼ぶ男」57、「錆びたナイフ」「陽のあたる坂道」「赤い波止場」58、「若い川の流れ」「今日に生きる」59、「鉄火場の風」「天下を取る」「闘牛に賭ける男」60など、矢継ぎ早に主演、日活を代表するスターとなった。60年12月2日、北原三枝と結婚。以降も「あいつと私」61、「銀座の恋の物語」「憎いあンちくしょう」「花と竜」62、「何か面白いことないか」62などに主演、63年には石原プロモーションを設立、「太平洋ひとりぼっち」63や三船プロと共同で「黒部の太陽」68を製作した。

ジェームズ・ディーンとアラン・ドロンとそして石原裕次郎とが、現代の若い世代の夢に描く青年像なのだという。彼は、日活の救世主として、大いに映画観客を動員し、その屋台骨を建てなおしたというばかりではない。彼が颯爽として「太陽の季節」に登場してから、世に太陽族などといわれながらも、その一面、ニッポンの青年像から、一挙にして暗い戦敗国臭のような卑屈さを洗いおとし、明るく、のびやかにしたことはたしかな事実であろう。彼はその意味では、ニッポンの青年層に太陽を与えた男といってよいのではないだろうか。

彼に会った人は口をそろえて気持のいい男だというけれど、傍若無人のごとく見えて、大変繊細な神経の持主であり、一人の男としても、非常に大きな可能性を包有している。彼は恐らく総理大臣にもなれる男かも知れないが、やはり彼のいうように役者としての可能性をもっとフルに活用、大成してもらいたいものである。

●●・花嫁さんを見る暇もない

——ご結婚式[※1]、とどこおりなくおすみになって、ほんとにおめでとう。

石原　いやア、どうも。

——たいへんだったでしょう?

石原　疲れました。マコ(=石原まき子、女優の北原三枝)ばてちゃってね、寝こんでんですよ、まだ。

——そりゃ疲れますよね。

石原　ぜんぜん熱出しちゃって、風邪をひいたらしいんですよ。

——でも大変立派な花嫁さんだったんですってね。

石原　そうですか。ぼくはもうあんまり見なかった(笑)。見る暇なかった。

——文金高島田のうち掛けという花嫁姿はあなたのほうのご注文?

石原　ええ。

——お母さまのご希望で?

石原　いえ、ぼくの。おふくろはそういうことに全然タッチしませんよ。

——あなた方の結婚も、いろいろとうるさく言われていたけど、結局、こないだアメリカへ一緒に旅行したことなどがデモンストレーションになって、日活さんも、させようということに踏みきったんじゃありませんの?

石原　いや、そんなことありません。そりゃ、ぼくは、はじめから結婚すると言っといたもの(笑)。傑作なんですよ。社長のところへ行って、ぼく、やっぱり結婚しますよ、と言ったんだ。いつするんだ、と言うから、十一月二十六日が大安らしいですから。そうか。どこでするんだ、と言うから、やるならやっぱり日活会館ですね。部屋空いてるか調べたのか。いやまだです。それですぐボーイをよんで調べてもらったんです。そしたらその日はもう満員で三百組もあるというんですね。それで、では次の大安の日というんで十二月二日にとってもらったってわけなんです。

――でもね、去年のクリスマスのあのアメリカ旅行ね、あれ、わたしたち第三者から見ると、なんとなしあなた方のレジスタンスみたいに感じたんですけれど。

石原　そうかな（ちょっと考えこむ）それもあったかも知れないけど、あれはとても急にきまっちゃったんですよ。ぼくのアメリカの友だちで、友だちといっても向うは財閥なんですけれどね。ぼくを大変かわいがってくれて、日本へもよく来ている人ですよ。冬のヴァケーションがそんなにあるんならニューヨークの近くでだってスキーはできるんだから、すぐ来ないかっていうんです。その話がクリスマス・イヴの帝国ホテルのその人の〝さよならパーティ〟のときに出て、その人のオール・ギャランティでパスポートも出国許可もバタバタおりちゃって、アメリカ大使館のビザも一日でおりて飛行機（チケット）も送ってきちゃったんですよ二人分。それからほんとに行く気になって（笑）、あわてて荷作りしたんですよ、その日になって。無理だろうと思っていたのが、きまっちゃってあわてたんですよ。

――あの出発のときも、なにか大変だったようですね。

石原　ええ、別に逃げるわけでもないのに、内証にしたほうがいいなんて言われてね。なんだかんだ言ったってジェット機で飛んじゃうとすぐなんですよね。十二時間でサンフランシスコに着いちゃうんですからね。一年も二年も行ってるんじゃないのに大袈裟にね。スペインに行く時なんかもなんだい、あれ。万歳三唱なんかしてくれて（笑）、花束もらったり、それも二週間か三週間でしょう、外国人が見たらおかしいだろうと思うよ、恥ずかしくなっちゃいますね。

――でもあなた方、新婚旅行の代りに、アメリカやスペインへ婚約旅行をしたようなものですよね。（笑）そんなのいまにまた流行りだすんじゃないかな（笑）。

●●闘牛士ではなかった……

石原　だけどこんどのスペイン・ロケではマコとはほとんど一緒に歩いたことなかったな。

——ずっと「闘牛に賭ける男」[※2]の仕事ばかりだったの？

石原 ええ。一緒に出かけようたって、ぼくのほうは仕事でほとんど出づっぱりでしょう。二谷さんとマコとは案外出場が少ないんですよ。だから二谷さんに頼んで買い物なんかにつれて歩いてもらってましたよ。だから向うの新聞では二谷さんと婚約しているということになっちゃって、こっちはまるで三枚目（笑）。でも一回最後の日にいっしょに出たな。マコがスペインのナイト・クラブを見たいというので、着物を着せてつれていきました。

——やはりタンゴは、ほんもののいいのが見られるのじゃない？

石原 ええ、向うではやはりすばらしいフラメンコの踊りが見られますね。やはり本場ですね。マコなんか大変感激していたんですよ。

——撮影はスペインだけ？

石原 はじめはあちこち行くはずだったんですけど、撮影の許可がおりないんで……。

——フランスは？

石原 パリへは、B班が実景だけ撮りに行きました。スペインのマドリッドは、パリとすごくよく似ているんですよ、市街（まち）のトーンが。ほんとはパリへ行くはずだったんですが、最初の一週間が雨でお手あげになっちゃって、後半の一週間にくいこんできたため、行かないでマドリッドですました部分があります。

——スペインでは？

石原 マドリッドのほかにグラナダ、それからマジョルカ島のパルマ、そんなところですね。パルマはマイアミ海岸みたいで、とても素敵なところです。

——「闘牛に賭ける男」という題名から想像すると、あなたが、あのきらびやかな衣裳をつけて闘牛士に扮するのかと思っていたんですよ。あなたは脚が長いからいいだろうって。そしたら、ちがうのね、シナリオを読んでみると……。

石原 「闘牛に賭ける男」という題名は、「若い日本人」というのがはじめの題だったんです。そのほうがぜんぜんスマートで、向うのやつに聞かれても、「ヤング・ジャパニーズ」でわかりがよかったんですがね。

——もちろん向うで闘牛はごらんになったんでしょう？本場の闘牛はどうでした？

石原 すごいですね。あれこそ地上最大のショーというんだろうな。

——闘牛映画というのはずいぶんありましたね。でもやはり映画で見るより、本物の凄さというのがあるんでし

「闘牛に賭ける男」
©日活 1960

ょうね。

石原　それはもちろんですよ。

――女の人で気絶するのがいるって……。

石原　人が死んだりするのを見るとでしょうね。けれどマコなんかも泣いちゃって……。

――なんで？

石原　牛が殺されてかわいそうだというんです。あれ十分くらいで死んじゃうんですよ、一日六頭出場するんです、その六頭が、目の前で血を吐いて、へたへたと倒れちゃうんですから、ちょっとショッキングですよね。

――写真の出来は、外国映画みたいな雰囲気が出てるそうね。

石原　ロケとセットとが半々くらいなんですから。いままでの日本映画で、これだけ外国を舞台にしたのは、なかったんじゃないんですか。だから、そういう点の迫力はそうとうあると思いますね。（ロケのアルバムをくりながら）これがマジョルカ島のパルマ。いまごろでも泳いでんですよ。

――ここでも撮影なさったの？

石原　ずいぶん撮りましたね。シナリオでは、ここの場面がモナコってことになってるけれどね。

――向うの俳優さんは出たんですか？

石原　ええ、これがロダスという俳優。
——みんなずいぶんボリュームがありますね。
石原　みんなこんななんですよ。尻はでかいし、すごいの（笑）。圧倒されちゃいますよ。で、男はみんな小さいの。背がそんなに高くないんです。ぼくなんか大きなほうだな、向うでは。
——フラメンコを踊る男なんか、やたらに胴が細い。
石原　女の子も背は小さいんです。髭なんか生やしてるけど（笑）。カトリックの風習でカミソリをあてちゃいけないんですってね。だから婆さんなんか、こんなに生やしてやがる（笑）。
——今後もあなたで海外ロケ企画の映画はあるんですか？
石原　ええ、なんか企画はあるらしいですね。
——アメリカあたりで撮りたい気持はない？
石原　アメリカはつまらないだろうと思うな。ぼかあっとして、つかみどころがないみたいでしょう、ちょっと見てきただけだけど。
——ハリウッドへはいらしたの？
石原　いや、サンフランシスコに二週間くらいいて、あとニューヨークとマイアミだったたから。
——近ごろ流行りのラスベガスには？
石原　行かなかった。マイアミは冬がいいんで、十二月、一月、二月とがいちばん豪華で、シナトラとか、そういう向うのスター・プレイヤーもそのあいだにニューヨーク、ラスベガス、マイアミなんぞをまわるんですね。だから席なんかも一週間も前に予約しておかないととれないそうです。
——この前のヨーロッパ・ロケ映画のとき、本篇より、一緒に撮ってきたという「欧州駈ける記」[※3]のほうが、実は大変面白かったんですけれどね。
石原　ああ、あれのほうが、イカスでしょう、ほんとうに？　こんなことといっちゃ、マズイけど、あれよかったですよね。
——あれで、あなたがパリの街をさっそうと車道を渡ってくるところ……
石原　ああ、パリのオペラ・ハウスの前ね。
——あんなのを見ると、「勝手にしやがれ」のジャン・ポール・ベルモンドよりパリの街にぴったりしてるみたい……
石原　いやア、パリも小さいんですね、人間が。だからぼくなんか大きく見えちゃうんだ。
——だから、あなたなんか、日本の街より、外国の街で撮ったほうがピッタリくるんじゃないかと思ったりする

「裕次郎の欧州駈ける記」
©日活 1960

んですよ。
石原　いや、日本の街はまったく古ぼけて汚なくて、どうしようもないですね。そのうえ人間の行儀は悪くなるし、とにかくやけくやけくその街ですよ。
——やけくその国ですか（笑）。
石原　情けないけど、そんな感じですね。香港なんか、やけくそに徹底しちゃってあきらめてるみたいなところがあるからいいけれど（笑）。

●● 芸術祭参加のアクションもの

——ところで、日活さんは相変らず儲かっているようですけれど……。
石原　まあね、小林（旭）君とか、ああいった若い連中が流行り出しているでしょう。だから、そりゃもういいですよ。といっても、いつもみんなが、入ってくれないと困るし……。
——ここらへんで、あなたは自分でなにか変ったことをやりたいという気持はないの？
石原　映画以外で？
——いえ、いちおう映画で。
石原　もちろん、考えてないことはありませんよ。だいたい変っては来たでしょう、ぼくの傾向が。今年の、「やくざ先生」なんていうのは、ぼくの出した企画なんですけどね。
——「あじさいの歌」「あした晴れるか」とか、変ってきていますね。
石原　会社がやらしてくれるうちに、自分のやりたいものをやらないとね。もうお前なんか売れねえんだから、お前の言うことなんか聞かねえ、ということは、これはもう映画界のあれだから（笑）。いまのうちですよね、やりたいものをやるのは。といってやりたいというものも別にないんだけれど、ぼくは、なにしろ、ほんとうのアクション映画というのをやりたいな。大人のアクション映画をね。映画はやっぱり面白くなくちゃね。芸術祭参加作品もいいけど、ほんというと、見ていて面白くないもの。
——そりゃァ、アクションもので、もっといい企画があると思うんですよ。
石原　それがね、なかなか、ラヴ・シーンはいけない、ベッド・シーンはだめだとかいろいろあるでしょう。ベッド・シーンなんか、やれといわれても、こっちでことわっちゃうけど、そういういろいろなことがあるんですよね。だから、日活のいまのアクション映画というのは、ハクションのほうだっていうんです（笑）。ドタバタで。

「闘牛に賭ける男」

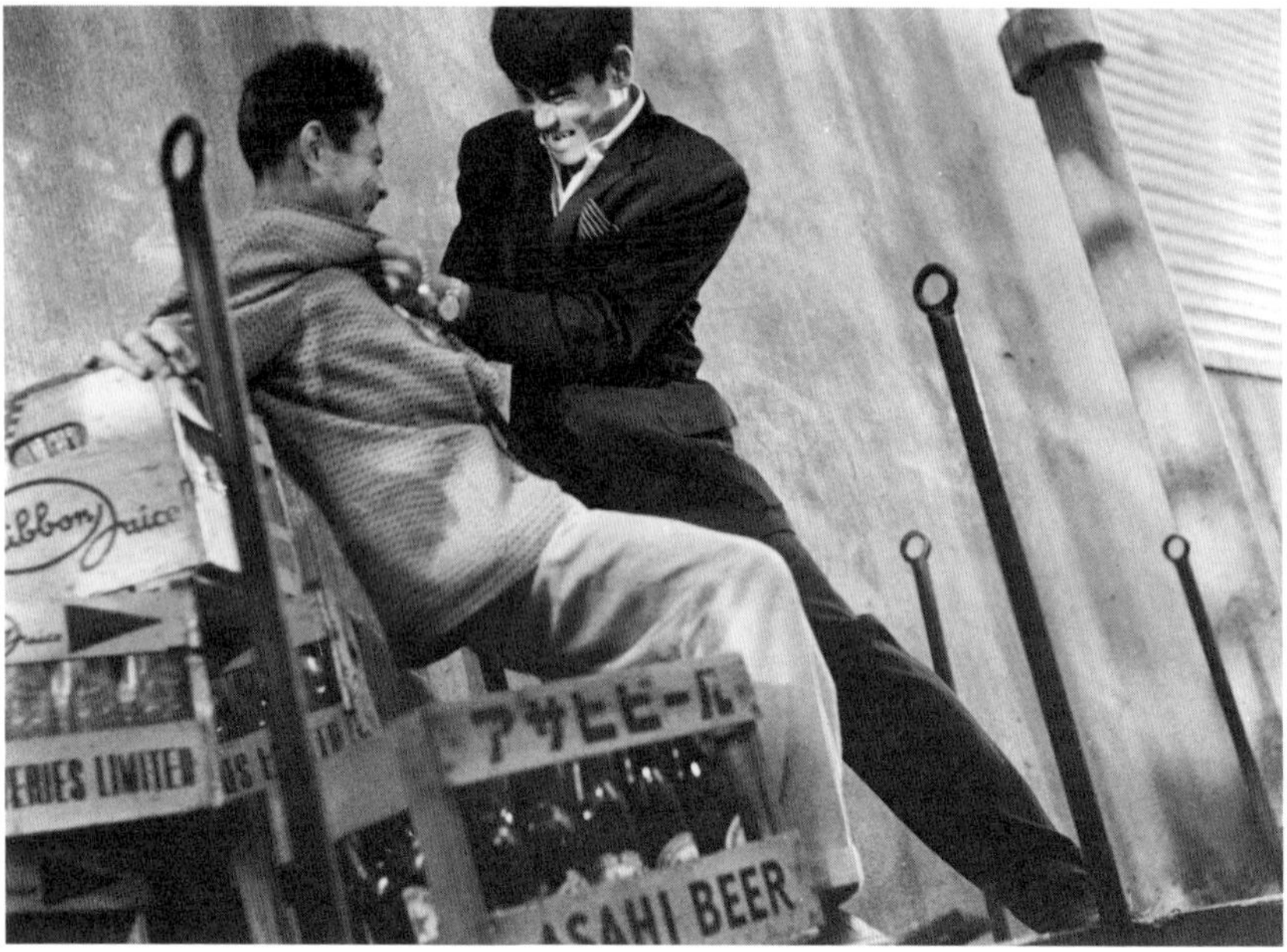

「俺は待ってるぜ」
©日活 1957

あれでもいいんだというのなら、言うことはないんだけれど、やっぱりぼく思うんだ。ぼくのヒット作品の「嵐を呼ぶ男」とか、「俺は待ってるぜ」なんていうのは、見ていても筋が通っていて、まあ、あれは大人のアクションものですよ。ぼく自分で好きなフィルムはみんな焼いて持ってますがね。いま見ても、すごく面白いと思うんだ。いまのアクション映画はすこし粗末になりすぎてるんじゃないかな。ぼくがタフガイとか、なんとかガイとかいってやりだしたころにも、ヒドイものがあったけど、このごろたまに丸の内日活なんかへ飛びこんで、彼らの映画を見ていると、なんだか、これでいいのかなあと思いますね。

――だから、わたしもそう思うのよ。さっき芸術祭参加作品という話が出たけど、アクションものの芸術祭参加作品が出来てもいいと思うわ。

石原　そうなんです。

――ウーンとうならせるほど面白いものをね。アメリカ映画にはそれがあるんですから。だから、へんに演技づくというのではなくてね。演技というものは、長くやってれば、自然に身につくものでもあるんだから、下手に深刻に演技づく必要はないと思うのよ。

石原　そいで、いま見ていると、ぼくなんかの場合にも、石原裕次郎というものに会社がよりかかった映画があるんですね。たとえば旭の映画でも「渡り鳥シリーズ」というのがないといけないんですよね。もうとにかく旭の「渡り鳥」をやれば入るという、だから手っとり早くパンパンと撮っちゃう。そんな大へんな危険性があるんですよ。今度は腰にさげたピストルを腕にさげさせたらいいっていった企画、それでも人が入るというのはこわいですよ。ぼくの場合もそうだった。お客は入っていたけれど、ぼく自身はいやだった。けれどぼくは石坂（洋次郎）先生が書いて下すったもので、年に一本くらい変ったものがやれたでしょう。これで、ぼくの裏面というか、ちがった面がひきだしてもらえた。ところが、また最近はそれがなくなり、またけっきょくは、それだけでもいけないところに、ぼくの問題があるんだと思うな。ぼくのアクションものも、少し消えかかった感じだけれど、ぼくは、ここで、ぐっと胸がスカッとするようないいアクションをやってみたいですね。

——外の空気を吸いたいという気持は？

石原　それはありますね。

——日活ではあなたを外へ貸すということは絶対にしないかしら？

石原　しないでしょうね。

——しないだろうとわたしも思いますけれど、なんか日活のワクのなかからはみ出すような感じになってきた点もあるんじゃないんですか？

石原　ああ、ぼくがですか？　はみ出したくなってきた？

——はみ出しそうにね。

石原　ぼくは外の会社へ行って勉強になるかもわからないけれども、結局は監督さん次第じゃないかと思うんです。別に誰々と共演したからということはまるで関係ないと思うんです。

——そりゃ共演者を変えるという意味ではなく、あなたから別のものを引き出してくれる監督を変えるという意味でね。

石原　でも、それにしても、ぼくはそれほどね。それよりも舞台をやりたいんですよ。

——舞台？　それは面白いでしょうね。

石原　一回でいいからやってみたいな。

——どんなものを？

石原　どんなものというはっきりしたものはまだ持ってないけど、とにかく舞台でひとつドラマをやってみたい。というと、もう映画も五年でしょう。やっぱり退屈しちゃうんですよね。舞台では、自分の出来不出来が見ていてわかると思うんだな。

――お客の反応が直接ですものね。

石原　前は、毎日何度も同じことをくりかえすの、そんなの面倒臭くて三日ともたないと言ってたんだけれど……。

――舞台は三日どころか一ヵ月続くのよ（笑）。

石原　一ヵ月やっても、一日一日とちがうでしょう。だから面白いと思うな。

――テレビはどうですか？

石原　テレビには出ちゃいけないんです。だけど、ぼくはテレビというのはきらいだから。

――あなたのボリュームと動きじゃ、テレビのフレームからはみ出しそうですね。

石原　このごろはないけど、もとはよくマイクがはみ出したり、影が出たりしてましたね。ぼくは日本テレビの『ダイヤル１１０番』で一回だけ出たことがあるんですよ。どうしてもというんで。リハーサルに行かなかった。台詞をちょこっと覚えればいいんですから。それでぼくがカメラの前を横切ったら背中が出ちゃってね……（笑）

――四ツ谷の〝フランクス〟、ビフテキの店は儲かってるんでしょう？

石原　ぼくはほとんど行かないからよくわからないけど儲かってるらしいですね。

――以前あなたは実業家になりたかったと言っていらしたけれど……。

石原　いまでもなりたいですね。しかし両方ということは無理ですね。だからレストランのほうもぼくはぜんぜん関係ないですからね。やっぱりやるんなら店商売より、船会社なんかやりたいな。

――お父さまの後つぎですか。

石原　これはぼくの夢ですけれど、とにかく船を一パイ（隻）も作って、それからそれをふやしていくんです。その方法はいろいろあるんだけれどもね。それが軌道にのったら、こちらはアルバイトということにして（笑）。しかし、なにをやるにしても人まかせでは絶対だめですからね。たとえ小さいことでも。そうなるとこの仕事をやっていてはなんにもできないですよ。

●● 池田首相の肩をたたいて

――こないだ池田（勇人）首相と対談なさったそうですけど、あなたは政治には強いの？
石原　ぼくは、ぜんぜん政治には興味なかったんですけれども。いままで、ぜんぜんなかったな。だから、あのとき、ぼくは一回も選挙に行ったことはないと言ったらおどろいてやがんの（笑）。ただね、五月十九日、あのとき、いまでも忘れないですよ、単独審議[※4]をやったでしょう。岸さんが。あれから全学連のデモが続いたときは、ぼくもほんとうにプラカードをかついで歩きたかったな。あの出っ歯のおじさんがね。

――出っ歯のおじさん？

石原　岸（信介首相）さんですよ。

――ああ（笑）。

石原　あいつ一人のため日本がゆさぶられた。その前に李承晩の京城事件[※5]があったでしょう。ああいうふうになるんじゃないかと思って、あのときはじめて政治のこわさ、こわさというのかな、ぼくなんかまだ若いんだし、ほんとうにおれなんかも、もっと政治を理解しなければいけないと思いましたね。〝若い日本の会〟というのを兄貴たちがやっているんですけれど、あのときは安保賛成とか反対ということではなくて、ああいう、いわゆる岸さんの国会でやったようなことに対しての批判なんです。そこへ安保反対という連中が集まって、討論会があったんだけれど、ぼくは出られなかった。しかし、あのときの岸さんには憤慨しましたね。そんなことも池田さんに話したんですよ。

――それで？

石原　それで、とにかく、お前さんたちも、しっかりしてくれよ、と言ったんですよ（笑）。

――池田さんの肩を叩いたのね（笑）。

石原　そうしたら気に入られちゃった（笑）。いろいろ悪口いってきたんだけれど。しかしぼくは池田さんという人は好きですよ。対談は三十分で終りということにして、これから一緒に飲もうといって、池田さんと別の部屋へ行って、奥さんも出ていらして三人になり、三時間くらい飲んじゃったんですよ。そしたら池田さん、なんだかすごく喜んじゃって、君は総理大臣になれるよっていうんですよ（笑）。ぼくは、総理大臣より、やっぱり役者のほうがいいからといったんですよ（笑）。そしたらそれがまた大変気に入られちゃって、梅原龍三郎さんの絵をくれてね（笑）。

――それはいいものをお貰いになったわね。

石原　それからいろいろ壺や花瓶なんかも見せてもらったけれど、ぼくはそういうもの好きでしょう。そしたら、これも持っていけ、あれも持っていけ（笑）。いや、今日はこれだけで結構です。またいただきに来ますから（笑）。八時以後はいつでも家にいるから、また遊びにおいでと言われちゃった。結婚祝には、ぼくが好きだといった壺を下すったらしいけど、まだ見ていないんです。とにかくすごく酒の強い人ですね。

――お話がもとに戻るけれど、結婚後マコちゃんはどうなさるの、仕事のほう?[※6]

石原　会社のほうはやめることはねえじゃないかというんです。これまでも大体ぼくの写真くらいしか出ていなかったでしょう。だからぼくの写真でいいのがあれば、年に一本か二本くらいならどうということはない、そういうことで月々月給をくれるというなら、こんないいことはねえじゃねえか、じゃ、どうしましょう、そんな感じですよ。もうこっちに全権があるんだから。

――あなたに全権が?

石原　ぼくがだめだといったら、だめなんですよ(笑)。そういう条件になっているんです、結婚するときめた時から(笑)。

●結婚しても人生観は変らない

――結婚して、心境とか人生観といったものは変りませんか?

石原　変りませんね。

――たとえば、これまでビールを一ダース飲んだところを半ダースでやめとこうっとか。

石原　結婚式の晩にも飲みに行きましたから……前の晩も兄貴と飲み明かしたし。

――新聞に書いてありましたよ。それで、子供は何人くらい?

石原　三人くらいほしいな。男二人に女一人。そううまくいくかどうか知らないけれど理想はね。あとはいらねえな。だけど早くほしいですよね。

――どうして?

石原　というのはマコがもう二十七でしょう。母親と子供の関係は、生れたときはまだ母親が若くていいけど、大きくなって大学へ行くころに、おふくろが、もう六十にもなっていると子供だってかわいそうですからね。こっちはいいけれどね、ぼくのほうが一つ若いんだから。

――こっちはいいというわけはないでしょう(笑)。ではこのへんで……。

(1961年1月上旬号)

※1　裕次郎の結婚
数多くの作品で共演し結婚が噂されていた北原三枝と、1960年1月にアメリカへ婚前旅行に出かけて世間を騒がせ、4月には婚約を発表する。これでさすがの裕次

郎ファンも離れるかと思われたが、「あじさいの歌」「青年の樹」「やくざ先生」などがヒット、相変わらずの日活のトップスターの地位を死守した。そして同年12月2日、日比谷の日活ホテルで結婚式を挙げた。

※2 「闘牛に賭ける男」
日活・60 監督：舛田利雄、出演：石原裕次郎、北原三枝、二谷英明、芦田伸介　日本で闘牛興行を企画した男の闘いを描く、大がかりなスペイン・ロケを敢行したメロドラマ。

※3 「裕次郎の欧州駈けある記」
日活・59 企画・監修：石原裕次郎、撮影：横山実
ヨーロッパを旅行した裕次郎の監修による旅行記。

※4 単独審議
1960年に日本中を席巻した新安保条約反対運動の動き。同年1月19日：岸信介首相と米・アイゼンハワー大統領は、ホワイトハウスで日米新安保保障条約を調印。以降、日本では労働者、全学連（全日本学生自治会総連合）による怒りの抗議運動が白熱化する。5月19日：政府・与党は新安保条約を強行採決。6月10日：米大統領訪日の準備のために来日した秘書ハガチーがデモ隊に包囲されヘリコプターで脱出（ハガチー事件）。6月15日：この日のストに全国580万人が参加したといわれ、東京では約11万人が国会議事堂を包囲。この警官との衝突で東大生・樺美智子さんが圧死。6月19日：新安保条約が自然承認される。6月23日：岸内閣総辞職。

※5 李承晩の京城事件
1950年6月25日、朝鮮戦争が勃発した際に、韓国の李承晩大統領は、共産党員、労働党員とその家族への弾圧・処刑を命じた。被害者の総数は、詳細は不明だが60万人から120万人が虐殺されたといわれている。

※6 北原三枝の復帰
結局、北原三枝は裕次郎との共演作「闘牛に賭ける男」を最後に引退した。しかし日活では彼女の功績に対して引退記念映画を企画したが、ちょうど裕次郎が61年1月に志賀高原へスキーに行ったとき女性スキーヤーに衝突され右足を骨折、その看病に時間がかかったため流れてしまった。

「闘牛に賭ける男」　©日活 1960

「闘牛に賭ける男」のころ

小藤田千栄子

インタビューのスタートが、いきなり「ご結婚式、とどこうりなくおすみになって、ほんとにおめでとう」で始まることに、ちょっと驚く。石原裕次郎の結婚式は、１９６０年12月なので、この直後の取材であることが分かる。

それにしても、ずいぶんと率直な始まりである。当時、石原裕次郎の結婚は、マスコミの大きな話題であったが、こんなにも懇切丁寧な取材、さらには、実に率直な受け答えにも驚く。おそらく石原裕次郎は、「キネマ旬報」の、きわめて生真面目、さらには本気の取材に応えたのであろう。こういうところに、俳優としての石原裕次郎の、爽やかな常識人ぶりを、うかがうことが出来る。

映画の話は「闘牛に駆ける男」が中心になっている。スペイン・ロケを済ませたばかりのときだったので、この映画の話題が中心にくるのは当然だが、共演者でもあった北原三枝とのエピソードが読ませる。闘牛を見て、北原三枝が「牛がかわいそう」だと言って泣いてしまった話とか、買い物には二谷英明が付き合ってくれた、とか。

このインタビューで、いちばん驚いたのは、石原裕次郎が「舞台をやりたいんです」と語っていることだった。舞台で、ドラマをやってみたいと。歌謡ショーのような、歌う舞台ではなく、どうも演劇をやってみたかったらしいのだ。１ヵ月やっても、毎日違うから面白いと思う、と。これ、見たかったですね。

三船敏郎

映画に日本独特のものをもっと出して、
映画祭で日本人を認識させたい

みふね・としろう（１９２０年4月1日〜１９９７年12月24日）
中国・山東省青島生まれ。大連中学卒業。46年、東宝第一期ニューフェイスとして東宝に入社。47年「銀嶺の果て」でデビュー。48年「酔いどれ天使」で黒澤明作品に初出演以降、黒澤映画を支えるスターとして「野良犬」49、「羅生門」50、「白痴」51、「七人の侍」54、「蜘蛛巣城」57、「隠し砦の三悪人」58、「悪い奴ほどよく眠る」60、「用心棒」61、「椿三十郎」62、「天国と地獄」63、「赤ひげ」65などに主演。他にも東宝のトップスターとして、「宮本武蔵」54、「柳生武芸帳」57、「無法松の一生」58、「日本誕生」59、「太平洋の嵐」60、「上意討ち・拝領妻始末」67、「日本のいちばん長い日」67、「黒部の太陽」68、「風林火山」69、「座頭市と用心棒」70などに主演。海外作品の出演も多く、「価値ある男」61、「グラン・プリ」67、「太平洋の地獄」68、「レッド・サン」71、「ミッドウェイ」76、「１９４１」80などがある。

映画界で、純金製男性一〇〇パーセント男性の爽やかさを持っているのは三船敏郎と、裕ちゃん。映画以外いっさい目をくれないというのも、このひとらしくうれしい。

●• 外国から狙われた男

――メキシコからお帰りになってもう大分になりますね。

三船 ちょうど一と月くらいですかネ。

――そのあいだインタビュー、インタビューで、うんざりなさったでしょう。おきらいなことだから……。

三船 いや別に。ぼくはなんにも喋らんから……(笑)。

――でも、これからさっそくお訊ねしますけれど、よろしくお願いします(笑)。

三船 満足な答えができるかどうかわかりませんがね。

――三船さんが、外国から映画出演の申込みをお受けになったのは、こんどがはじめてじゃありませんね、だいぶ前に、イタリア映画に出演のお話があったんじゃないですか?

三船 ええ、「七人の侍」※1をやってるとき、『アッチラ大王』※2に出演の話がありましたけれども、「七人の侍」が撮影に一年かかっちゃったので、だめになりました。

――じゃ、向うで諦めちゃったわけですね。

三船 まあそうですな。あれは、アンソニイ・クインが代りに出たのが日本へ来ましたね。

――「侵略者」という題名で……。

三船 その他、小さな話はたくさんあったんですよ。『サランボー』※3というのもあったし、最近では、アンソニイ・クインと谷洋子の共演したのがあったでしょう?エスキモーの話で……。

――ええ、ええ「バレン」※4。

三船 あれも、最初は東宝と合作の話だったんです。こっちのステージを使おうとかなんとかだったんですけれども、うまく話がまとまらなかったんですね。ディズニーで、早川雪洲さんの出たものも……。

――「南海漂流」※5という題名で、RKOに入ってますね。

三船 なんでも船が難破して、海賊に助けられる話ですよ。

――すごく狙われていらっしゃるんですね、外国から狙われた男(笑)。

三船 そうじゃないんですけれども。個人的にきたのはそれくらいです。他にもそうでないのがチョクチョク

あったようです

契約しなければ帰らない

――今度のメキシコ（「価値ある男」※6）のお話は、どんないきさつで、まとまったんですの？

三船　今度の映画のイスマイル・ロドリゲス監督は非常に熱心な人で、最初話があったのは一昨年のことなんです。メキシコから照会があったんですが、ほったらかしておいたんです。それから去年、ぼくがロスアンゼルスへ行ったときも、やかましく言ってきたんですが、そのときも忙しかったので、そのままニューヨークへ行ったら、向うのホテルへ電話をかけてきて、どうだと言うんですね。旅先で、ぼく一人では勝手にすぐ決めるわけにはいかんから、日本で改めて話をしたいと言って帰ってきたんですよ。そしたら、イスマイル・ロドリゲス氏が、去年の十月に日本へやってきたんです。

――へえ？　とうとう日本まで？

三船　ええ。脚本を持ってきてこれだと言うんです。「価値ある男」となってましたけれど、どういうんでしょう？　だれか変てこに訳したんじゃないかな。原題は「Animas Trujano」というんです。話を簡単に言うと、メキシコはカソリックが滲透していますから、小さな町でもぜんぶ教会を中心に町ができているところだし、そういう宗教的行事が一年三百六十五日くらいあるわけです。そのお祭りの主宰者ですか、そういうようなもので、町会の総代みたいなもの、マイヨルドーモというのですが、それになりたい奴の話なんですね。

――そして、それになれるんですか？

三船　結局なれるんですね。あんまり向うが熱心なんで、その脚本を翻訳して、黒澤（明）さんや菊島（隆三）さんに見せたんですけれど、面白そうじゃないかというし、それにイスマイル氏は契約してくれなかったら帰らないというし（笑）、二週間も毎日足をはこんでくるんです。

――ついにそれにはほだされて……？

三船　太平洋を隔ててはいるが、まあ隣りの国だし（笑）、日本とメキシコを結ぶ絆にもなるのじゃないかということでね。

――なんだか、ギャラはお決めにならなかったとか？

三船　ええ、出演料といったものの代りに、フィルムを日本へもらうという条件です。もちろん往復の旅費とか滞在費は別ですがね。イスマイル監督曰く〝われわれ映画で飯を食ってるんだから、映画を通じてもっと民間外交に役立てなければならない〟なんていうような、立

派なことを言うもんだから、ぼくも賛成々々、そうだ、そうだというわけで引受けちゃったんです（笑）。

――こちらのウィーク・ポイント、いや、ストロングですか（笑）、それをついてきたわけですね。イスマイル監督は、前から三船さんの映画を見ていたんですか？

三船　だいたい見ていましたね。

――それで惚れこんだわけね。

三船　そういうわけでもないでしょうが、いけるんじゃないかということで話を持ってきたんですね。初めは彼も半信半疑のところはあったんでしょうね。ぼくの扮するのは、日本人じゃなくて、メキシコの先住民族の純メキシコ人ですからね。インディオと言ってますがね。アニマス・トルファーノという名の人物です。こっちも不安だったから、扮装して、〝これでいけるか？〟と言ったら、〝大丈夫だ〟というんでね。喋るのがスペイン語だというから、はじめはどうかと思っていたんですが……。

――ぜんぜん、吹き替えなしですか？　雑誌なんかで拝見した記事に、台詞はぜんぶ暗記なすったって出てましたけれど……。

三船　元来台詞というものは暗記するもんですからね。覚えていかなきゃなりませんよ。

――しかし、スペイン語でしょう？　前に勉強なさったことがあるんですか、少しくらい？

三船　いや、丸暗記です。単語の意味なんか一つもわかりゃしない。これが覚えられなかったら、九官鳥やオウム以下だと思ってね（笑）。

――台詞の数は？

三船　六百いくつで、なかには長ったらしいのもあるんだから、演説じゃないけれども。いちばん困ったのは、せっかく覚えたのが、向うへ行ってから後半、ずいぶん変ってきちゃってね。覚え直さなきゃならないし、前に覚えたのが邪魔するし、こりゃえらいものを引受けちゃったと思ったが、いまさら帰るわけにもいかず、しようがないから、やっちゃいました（笑）。それがAPにはいった通信では、向うでメキシコ各界の名士を集めて試写会をやったところ、これが大へん反響があって、絶讃されたというんですね。それで、イスマイル氏はハリキッちゃって、ヴェニス映画祭へ出品することになったそうです。

――そうすると、三船さんは主演者としてヴェニスへいらっしゃらなきゃア。

三船　急遽行くことになったんですよ。日本からは「用心棒」※7を出すんです。これは招待出品ですが、ヴェ

「価値ある男」

ニスの場合には、招待出品でも賞の対象になるんです。

――三船さんのものが、日本とメキシコと、二本になるわけですね。それはますます御苦労さんですね。外国へ行ったり、外国で仕事をしたりすることは、ずいぶん疲れませんか？

三船　それほどでもないですな。

●・黒澤式演出？　のメキシコ映画

――メキシコの撮影所の設備というのは、立派なんですって？

三船　立派ですよ。中南米ではメキシコとアルゼンチンがいいと言われてます。

――メキシコは、映画の質もいいものがありますね。日本にエミリオ・フェルナンデル監督の「真珠」[※8]というのが来ましたけれど……。

三船　その監督さん、今でも活躍してますね、みんなが、めいめいプロダクションを持って映画を作っています。国立映画銀行というのがあって、映画製作専門に融資をしています。全国の映画館の六〇%くらいは、国家経営なんですね。国民に安い娯楽を提供しようということで、入場料は四ペソ、日本円で百二十円くらいかな。

――一本の製作費にどれくらいかけるんでしょう。

三船　こんどの場合は、だいたい中級作品の上くらいでしょうね。日本の金でどのくらいかけてるのかな。こないだ日本で封切られた「ぺぺ」[※9]。あれはメキシコのスター（カンティンフラス）が出演した映画ですけれど、ハリウッド製で、コストが高くてメキシコでは上映できないそうです。四ペソの安い入場料では……。

――撮影所の設備なんか、例えば東宝なんかとくらべてどうですか？

三船　ステージなんか、ずいぶん大きいのがありますね。三十五くらいステージのある撮影所なんだが、冷房装置なんかはないですよ。もちろん、その必要もないからだけれども。

――メキシコというと砂漠とサボテンで暑いところという感じですね。

三船　向うは空気が乾燥してますから、冷暖房はもちろんいらないんですけれども、そのほかの設備は、はるかにいいですよ。衣裳部屋なんか各ステージについているし、休憩する部屋はみんな持っています。

――ハリウッド式なんですね。

三船　撮り方なんかもハリウッド式ですよ。カメラを回しっ放しでやるんです。途中でNGを出しても、そこからあともどりしてやるわけですけれども、カメラは回

「価値ある男」
©メキシコ 1961

しっ放しです。あるシーンを通しで撮っちゃうんです。セリフをトチっても、そのままやっちゃうんですよ。芝居をするのと同じですね。そうすると台詞はぜんぶ覚えなければならないから、こっちはなおさら大変なんです。こまかくカットに切ってやってくれると助かるんですけれどもね。

――演技のほうはいいにしても、言葉が大変ですね。

三船　黒澤さんの演出が、どちらかというとそんな風だから、長いショットで撮られるのには馴れてるんだけれど……。

――しかし、これからもあるでしょうね、外国からの出演申込みが……。

三船　メキシコでも、引き続いて二本くらい撮っていけと言われたんですけれども、「価値ある男」の結果を見てからにしようということで帰ってきました。

――すごく朝早くから、夜おそくまで強行撮影だったんですって？

三船　それは、ぼくがベルリン映画祭に出席することになって、それまでに間に合うように撮れということでやったんです。朝六時に起き、七時にはロケに出発です。

――日本と似てますね。

●・太陽と美人の国メキシコ

三船　ぼくのいたあいだはちょうど乾燥期で、晴天ばかり、天気待ちということがないから、どんどん撮れます。ステージでの撮影は、土曜、日曜の二日は休みでしたけれども、八時ごろからはじめて、夜十時までのでしょう？

――お食事は？

三船　二時、三時まで食事で、そのあと十時まで撮ってます。それからラッシュを見て、うちへ帰ってくると十二時ですね。

――食事にはどんなものを召上るんです？

三船　むこうの料理ですね。

――私だったら、お腹がすいて倒れちゃうわ。

三船　食事がおそいですからね。昼食なんかゆっくり食べていますよ。土曜日なんか、午後じゅう昼飯食ってますよ（笑）。ですから晩飯もおそいわけです。

――土、日の二日つづきの休みには、方々へ招ばれていらしたんでしょうね。

三船　あちらの人は一家をあげて人をもてなすことが好きでね。いろいろ招待があったり、連絡があったりで日曜日は必ず、お昼はどこ、晩飯はどこときまっているからしょうがないんです。

――ラッシュはごらんになったとおっしゃってますが、完成したものは？

三船　まだ見ていないんです。プリントも着いたらしいですから、皆さんに見ていただいて、どの程度、受けいれられるか、蓋をあけてみなきゃわかりませんけれど。話が日本人にはあまり馴染みのない話ですから。メキシコ・シティから飛行機で一時間、車で六、七時間のところにあるマヤですか。そういう遺跡がたくさんあるところの原住民の話で、風俗とか習慣を知らないと、写真ではピンと来ないかもしれません。

――それだけに、地方色豊かな面白さがあるんでしょう？

三船　そういうことです。闘牛は入っていませんが、闘鶏とか、原地の人の民芸サラペとか、マゲイ・サボテンの大きいメスカルとか、そういったメキシコ特有のものがたくさん出てきて、メキシコ人が見ても珍しいようなものが、たくさんあります。いろいろとイスマイル氏も考えてやってるわけですよ。

――イスマイルさんというのはどのくらいの年配の方です？

三船　五十歳くらいですね。自分では四十三だと言ってましたけれど（笑）。自分がプロダクションの主宰者であり、監督です。『ラ・クカラチャ』という映画が前に日本にきています。「大砂塵の女」[※10]とか言いましたね。クカラチャというのは油虫のことだそうです。

――お忙しくて、あちらの人々の普通の生活なんかよく見ていらっしゃる暇はなかったかもしれませんが、メキシコは原住民のほかに、白人との混血が多いんですか、きれいな人が多いようですね。

三船　ほとんどラテン系で、スペイン系のべっぴんさんですね。メキシコの中心は、やっぱり白人が握っていますね、政治でも経済でも。

――インディオは生活程度が低いんですか？

三船　ひどいのがたくさんいます。ちょっと見ただけでも。満州や中国、朝鮮などの地方の農村生活と似ています。土地が乾燥していて、何にもできないんですね。トーモロコシと豆くらいです。しかし地形には変化があるのですね、北へ行くと乾いて、火山灰地みたいで何もできない。しかしずっと南の方へゆくと、地味が豊かですごいんですよ。農作物、野菜、果物、みんなそこから来てるんですね。

――非常に繁殖力が旺盛な地方もあるわけですね。

三船　メキシコ・シティは山脈の中心にある海抜二千四百メートルくらいの土地で、一年中六月ごろの気候で、とても快適なところです。

――都会としてもなかなか立派だそうですね。

三船　中南米で一番だなんて威張っていますけれど、立派ですね。ニューヨーク、シカゴ、ロスアンゼルスに肩をならべられるくらいでしょうね。高速道路は発達しているし、日本みたいに、道路工事で掘りかえしてるところはないし（笑）、建築物も、何世紀か前の古いカソリックの教会なんかがあるかと思うと、超近代的な建物があって、太陽はギラギラ、空は真っ青、木は緑、といった工合にそれが美しく調和しているんですな。絵描きさんたちが、たいへん行きたがってますが、わかりますね。

――非常に強烈な感じの絵があるようですね、壁画が盛んで……。

三船　メキシコ展がこちらでもあったけれど、タマヨとか、シエケィロスとか、有名なんでしょう。革命までは、しいたげられていた民族なんで、強烈なものが出るんだろうな。

●● 日本映画はまだこれから

――あちらの映画は？

三船　イスマイル監督が撮ったものを見ました。面白いんだな、一昨年だったか、自家用飛行機セスナに乗っていて、墜落して死んだスターがいるんですよ。ペドロイン・ファンティとかいうんだけれど、たいへんな二枚目の若手スターで、そいつが死んだときに、女の子が四、五人も自殺したほどだと言うんですな（笑）。

——どこにもあるんですね、メキシコのジェームズ・ディーン（笑）。

三船　そいつが生きていたらやるはずの役がぼくにまわってきたんだと言うので、帰りに墓参りしてきましたよ。墓には一年中花やら、線香——はないだろうが（笑）、とにかく花が枯れてたことがないそうです。

——帰りはご家族の方とヨーロッパへまわられたそうですね。

三船　出かけるときに、仕事がうまくいきそうだったら呼んでやると約束したんで、メキシコへやって来ました。そのあとベルリン映画祭に出席、パリ、ローマなど歩いて帰ってきたんですが、あとでやっぱりメキシコがいちばんよかったと言ってますね。

——ベルリン映画祭での日本映画は？

三船　「悪い奴ほどよく眠る」を出したんですが、ほかに黒澤週間というのをやっていて、「七人の侍」「羅生

門」「どん底」「蜘蛛巣城」「生きものの記録」の五本を昼夜二回ずつやって、たいへんな入りでしたよ。アメリカ人でドナルド・リチー[※11]さんという人がいるでしょう？　あの人が来ていて、日本映画祭開催中、日本映画をやる前に講演してくれるんですよ。〝黒澤明について〟とか〝日本映画について〟とかいって、自分で印刷物を作って、ちゃんと日本映画の紹介をしてくれてました。日本人がそれをやらないで、外国人にやってもらっているんですからね。

――リチーさんは、日本映画史の本を出版してるでしょう。たいていの日本人より日本映画のことをよく研究して知っていらっしゃるんだから、かないませんね。リチーさんはベルリンにいらしたんですか？

三船　もう帰ると言ってました。日本には最近また来るそうです。ヨーロッパにもあきたし、やっぱり日本がいちばんいいと言ってましたよ（笑）。

――外国へいらして、改めて日本映画の外国での人気にまたびっくりなさったんじゃありませんか？

三船　日本映画もまだまだこれからですよ。これからいいものを作って紹介しなけりゃだめです。日本映画が外国でどうとかこうとか言ってますけれども、実際見ている人は少いですよ。日本の旅行者だって、パリなんかの運転手に、お前たち、インドネシアか（笑）、なんて言われているんですから。日本人だというと、〝ああ、羅生門〟なんて言われましたがね。日本独得のものをどんどん出して、日本人を認識させなきゃね。

●● 俳優としては落第の三年生

――ところで、ヴェニスからお帰りになると、また黒澤さんで、「用心棒」の続篇ですか？

三船　ええ、もう脚本ができました。黒澤さんと菊島さんとで書いていたんです。

――こんどは、桑畑三十郎が椿三十郎になるんですってね。いつごろからお入りになります？

三船　目下準備中だから、ぼくが九月三、四日までヴェニスにいなけりゃならないらしいから、それから帰ってきて、すぐですね。

――三船さんは、これまでずっと東宝で仕事をしていらっしゃるんですが、ご自分で会心の仕事というのはどれですか？　やはり「羅生門」？

三船　別にそういうわけではないけれど、「羅生門」は、国際映画祭で戦後はじめて外国の賞をもらったというので、そういう思い出みたいなものがありますね。「酔いどれ天使」は最初だし、ぼくは黒澤さんで撮った

「七人の侍」

もので「生きものの記録」というのが、印象に残ってますね。

――私もあの映画は黒澤さんのもののなかで好きですね。原爆恐怖症の人の話ですね。

三船　あの当時、批評家はあまり良く言わなかったけれど、黒澤さんも、〝とにかくあの時期に、ああいう問題を取りあげたのは、おれとしてはぜんぜん後悔してない、じゃなくて、誇りに思ってる〟と言ってましたからね。あれから後でしょう、アメリカで「渚にて」[※12]なんか作ったの。日本人は直接原爆の被害をこうむったのに、なに考えてるんだと言いたいくらいですね。

――いまや原爆の問題がやかましくとりあげられるようになったというわけで……。

三船　「白痴」も、翻訳劇みたいなものだと言われたようですけれど、あのあと、ソ連の監督があちらで「白痴」を撮るのについて、黒澤さんの「白痴」を何回か見ているというんですからね。

――スエーデンの「処女の泉」[※13]は、イングマル・ベルイマン監督が黒沢さんの「羅生門」に刺戟されたとはっきり言ってますね。

三船　フランスあたりの若い映画監督たちは、黒澤さんや溝口（健二）さんに学んでいると言ってますね。

――三船さんは、監督をおやりになる気持はないんですか？

三船　とんでもない。

――俳優だけでいらっしゃるんですか。

三船　俳優だって一年生――一年生にしてはとうが立ってますが、落第の三年生ってとこかな（笑）。だからまだまだ……。

●テレビも見ずに映画一筋

――最近俳優さんで大変意欲的になって、自分でこういうものをやりたい、ああいうものをやりたいということがあるんですが、三船さんにはそういうプランは？

三船　いろいろありますけれど、発表して実現していない人もいますからね、余計なことを言って恥をかくなというわけです。

――映画一本で、例えば舞台やテレビに対する浮気は？

三船　ぜんぜんないですな。人間そんなにできるはずはありませんよ。ぼくは不器用ですからね。一つに対することでいいと思うんですよ。できる人はけっこうだけれども、ぼくはできないから。負けおしみでいってるわけではないけれども、ぼくは映画だけしかやりません。

――テレビはごらんになります？

三船　見ないですね。うちのテレビなんか昔買った古いやつそのままで、映像なんか出てきませんよ（笑）。

――テレビのスポーツ放送もごらんにならないんですか？

三船　ぜんぜん見ないですね。野球なんかあんまり興味がないし、相撲も面白くないし、見るといえばボクシングくらいだな。

――へえ、野球、相撲に興味のない男の方ってめずらしいですね。ゴルフは？

三船　ゴルフもここ一、二年やってません。

――じゃ、暇なときは何をなさってるんですか？

三船　別にこれということはありませんね。裸になって家で芝を刈ったり、ボートの掃除をしたり……。

――家庭的で奥さん孝行……。

三船　いや、そんなこともありません。

――三船さんの趣味はモーター・ボートでしたね。

三船　ええ、まあ、そんなもんです。

――暇なとき映画はごらんになります？

三船　わりと見るほうですね。最近見たのは「片目のジャック」です。あれも「荒野の七人」もメキシコヘロケした映画ですね。「荒野の七人」はまだ見てませんがね。

「用心棒」
©東宝 1961

――ところで、外国映画に日本人が出演する場合、どんな点がいちばん問題だとお思いでしたか？

三船　やっぱり語学でしょうね。語学ができれば、これから国際的な活躍をすることが十分できますね。それと、ぼくのように外国人に扮した場合は問題はないけれど、外国映画の中の日本人を演じるときには、十分研究してからでないと「竹の家」[※14]みたいなのがあって、国辱問題を起したりしますからね。

――あちらの監督の演技指導はうるさいですか？

三船　イスマイル氏は、ここはこう思うんだけれどもどうしようかと聞きますよ。撮影で使う簡単な言葉は日本語で教えてあるんです。おはよう、今晩は、本番、テスト、お疲れさま、もう少し右、もう少し左、もう一度、それでけっこう間に合いますね（笑）。

――それだけ好意的だったらいいですね。

三船　とても雰囲気がよくて、着いた当座は連日レセプション。

――大統領夫人のレセプションもあったそうですね。

三船　ええ、日本の大使も喜んでくれたし、在留邦人の方たちも涙を流して喜んでくれました。帰るときは〝チャーロ〟というハイ・ソサエティのクラブで大送別会をやってくれましたし、まあ、こんな風に少しでも国際親善につくせたら、映画の出来をどうこう気にする必要ないみたいな気持になっちゃいました。これで映画がよければなおいいけれど（笑）。

（61年9月下旬号）

※1　「七人の侍」
東宝・54　監督：黒澤明、出演：三船敏郎、志村喬、加東大介、宮口精二　毎年盗賊に襲われる山間の村にボディガードとして雇われた七人の侍の凄絶な闘い。

※2　『アッチラ大王』
伊・54　監督：ピエトロ・フランチーシ　出演：アンソニー・クイン、ソフィア・ローレン　日本公開タイトルは「侵略者」。アジア系遊牧民フン族の王アッチラを主人公にした歴史劇。

※3　「サランボー」
仏＝伊・60　監督：セルジオ・グリエコ　出演：ジャンヌ・ヴァレリー　カルタゴと傭兵軍団との戦闘を描いたスペクタクル史劇。

※4　「バレン」
仏＝伊・60　監督：ニコラス・レイ　出演：アンソニー・クイン、谷洋子　エスキモーのイヌクは昔の習慣に従い妻を宣教師に伽として出すが断られ殺害、警官に追われる。

※5　「南海漂流」
米・60　監督：ケン・アナキン　出演：ジョン・ミルズ、

早川雪洲　難破した船が無人島に流され冒険生活を送るロビンソン一家を描く。

※6「価値ある男」

メキシコ・61　監督：イスマエル・ロドリゲス　出演：三船敏郎、コルンバ・ドミンゲス　村で鼻つまみの男が妻の愛に目覚め、皆から尊敬されるマヨルドーモになるまでを描く。

※7「用心棒」

東宝・61　監督：黒澤明　出演：三船敏郎、仲代達矢、司葉子　二人の親分が対立する宿場町にふらりと現れた浪人が共倒れにして去っていく。

※8「真珠」

メキシコ・48　監督：エミリオ・フェルナンデル　出演：ペドロ・アルメンダリス　巨大な真珠を採ったメキシコの漁民キノをめぐって真珠ブローカーが暗躍する。

※9「ぺぺ」

米・60　監督：ジョージ・シドニー　出演：カンティンフラス、ビング・クロスビー　映画監督から愛馬を買い戻しにハリウッドに行った男はてんやわんやの末に、愛馬を返してもらう。

※10「大砂塵の女」

メキシコ・59　監督：イスマエル・ロドリゲス　出演：マリア・フェリックス　革命の女闘士ラ・クカラチャが真の愛を求めてさすらう姿を描く。

※11　ドナルド・リチー

（1924～2013）アメリカ出身の映画評論家、映画監督。戦後、進駐軍として来日、日本映画に接するようになり、映画人とも知遇を得、大いに刺激を受ける。49年に帰国、54年に再来日、日本映画の研究者として活躍、黒澤明、溝口健二、小津安二郎などを海外に紹介する。代表作は『黒澤明の映画』『小津安二郎の美学』など。

※12「渚にて」

米・59　監督：スタンリー・クレイマー　出演：グレゴリー・ペック、アンソニー・パーキンス　第三次世界大戦によって地球上は放射能に汚染され、世界の人類はほぼ絶滅した。メルボルンに一部、人類は生存していたが、やがて死に支配される日がやって来る。

※13「処女の泉」

スウェーデン・60　監督：イングマル・ベルイマン　出演：マックス・フォン・シドー　スウェーデンの片田舎に住むトーレの娘が使いの途中に三人の男に強姦され殺害される。それを知ったトーレは復讐のために三人を殺害、娘の殺害現場に教会を建てることを誓う。

※14「東京暗黒街・竹の家」

米・55　監督：サミュエル・フラー　出演：ロバート・ライアン、山口淑子、早川雪洲　日本を舞台にしたギャング映画だが、いい加減な日本家屋のセットやタタミの上を土足で歩き回ったりと、日本文化に対する理解がひどく、国辱映画とまで言われた。

メキシコ映画「価値ある男」を中心に

小藤田千栄子

取材をしたのはメキシコ映画「価値ある男」の撮影から帰国したばかりのころ。三船敏郎には、海外の映画から出演の依頼が多かったようだが、この映画の監督も熱心で、脚本を持って日本まで来たという。その熱心さに押されたのは確かだ。脚本は翻訳して、黒澤明監督と、脚本家の菊島隆三に見てもらい、それで出演する気になったらしい。

監督さんも熱心な人で、2週間ものあいだ、毎日、顔を見せて、三船敏郎も、どうやらほだされてしまったらしい。「太平洋を隔ててはいるが（日本とメキシコは）まあ、隣の国だし……」というのが、なんだかおかしい。三船敏郎の大ものぶりというか。

いちばん驚いたのは、スペイン語のセリフを丸暗記したということだ。「これを覚えられなかったら、九官鳥やオウム以下だと思ってね」も笑えた。なんだか日本人ばなれしている。さらに困ったのは、スペイン語のセリフが、ときどき変更になることだったという。となると、また覚えなおさなければならない。

外国映画への出演だけではなく、海外の映画祭経験も豊富な三船敏郎だが、黒澤明作品では「生きものの記録」が印象に残っているというコメントがいい。日本は、原爆の被害をこうむった国なのだから、もっとこの映画を重視してほしいという感じだった。

三船敏郎は、基本的に寡黙な人のようだが、この取材では、海外でのことを多く語って、教えられること多々であった。

月形龍之介

時代劇は誇張の美しさであり、誇張の面白さにある

つきがた・りゅうのすけ（1902年3月18日～1970年8月30日）

宮城県生まれ。本名・門田潔人。荏原中学中退。様々な仕事を経た後、20年、京都で映画俳優を目指す。同年「仙石権兵衛」の端役でデビュー。しばらく端役が続くが、マキノ映画「雲母阪」「討たるゝ者」24あたりから時代劇スターとして名を挙げるようになる。以後、松竹、日活、大映などに転じ自ら月形プロも立ち上げ、多くの作品に出演。戦前は「修羅八荒」26、「砂絵呪縛」27、「斬人斬馬剣」29、「弥藤太昇天」30、「舶来文明街」31、「天保水滸伝」34、「国定忠治」36、「月形半平太」37などに主演。戦中は「姿三四郎」43などに出演するが、戦後は「ジャコ万と鉄」49などに出演後、東映に所属、「血槍富士」55、「大菩薩峠」57―59、「一心太助」シリーズでは大久保彦左衛門を、「水戸黄門漫遊記」シリーズでは黄門様を余裕たっぷりに演じた。53年、日本芸術家信用組合が設立され、初代理事長となる。

お愛想もない代りに、決して不愛想でもない。何ということない話を、何ということなく話しているうちに、次第に四十年間の含蓄がジワジワとにじみ出てくる渋味あるお人柄。その滋味につつまれて、育ちにくい映画俳優協会なるものも、京都では育っている。

映画俳優協会の仕事

——このあいだ大阪で、映画俳優協会の十周年記念行事をなさって大変ご盛況だったそうでおめでとうございます。

月形　ありがとう、おかげさんで。

——あれを作られてから、もう十年になるんですね。

月形　厳密にいうと十一年ですね。去年やるつもりだったんですけれども、いろいろな事情がありまして、今年にのばしたんです。大阪の大丸ホールでやりました。

——だいぶ儲かったという（笑）といっちゃ失礼ですね。たいへん収益があったそうですが……。

月形　いやァ。初めの予算ではね。仕込みにそうとうかかりますからね。だからとんとんにいけばいいと思ったんですよ。で、まあざっくばらんの話が、テレビ中継の金が少し利益にでもなればいいというつもりでやったんですよ。ところが、公演でも少し黒字になりました。

——素人考えかもしれませんが、京都の時代劇スターの人気ある人たちが、ズラリとお出になれば、これはまア成功うたがいなしという感じですね。

月形　ええ、こんどは、ほとんどみんな出てくれましたし、各撮影所もそのために休んでくれたりしましたからね。しかし、踊りやなんか出すでしょう。地方《ぢかた》なんか東京から呼んだりしますから、経費は案外にかかるものなんですよ。

——昼夜二回ですか？

月形　ええ、そうですね。

——それをそっくり東京へ持ってきてやれると、こちらでもきっと当ると思いますけれどね。

月形　それはちょっと実現困難ですな。

——映画俳優協会は、月形さんの肝いりで出来たもので、京都が本拠みたいになるのは仕方ないのでしょうが……。

月形　わたしたちが京都ではじめたものなんですが、東京でも結成して、東京と京都部ということにしていたんですよ。ところが東京のほうはいろいろな事情があって、いまは開店休業のような状態で、なんにもしていません。

――東京は髙田稔さんが責任者のように伺いましたが……。

月形　これが文科省の管轄で、社団法人になってますから、形式上では存在しているんですが、動いてはいないんです。

――京都部はそれにひきかえ、たいへんに活発で……。

月形　ええ、まったく活発ですね、京都部のなかに青年部というのができましてね。いま（東）千代之介が部長で、（市川）雷蔵と北上（弥太朗）が副部長をやっているんです。この青年部には約六十人から七十人近くの会員がいて、この連中が非常に活発に活動しています。それで、京都の商工会議所のなかに青年会議所というのがありましてね。これは京都の各界の若い人たちが集まってやっているのですが、これが世界的に横のつながりを持っていて、去年は北上君が日本の代表といっしょにパリへ行きまして、世界会議に出席したりしましたよ。

――そうすると、一種のロータリアンみたいなものですね。

月形　そうです。若い青年たちが、俳優の世界だけでなく、新しい社会人として、自己研鑽していくことは非常にいいことだと思うんですね。

――それはたいへんいいことですね。東京でも映画俳優協会とは別に、池部良さんや佐田（啓二）さんなんかが主になって、親睦会みたいなものをお作りになっているようですけれど、そういうものを合流なさったらどうかと思うんですけれど。

月形　それはちっとむずかしいですな。映画俳優クラブというのが東京にできたんですが、それがまだ去年の十月でしたか、できたばかりでしてね、まだ活動にはいたっていないんです。これはいくいくは東京の映画俳優協会に移行しようじゃないかということになっているわけですわ。

●●頭の痛い自分中心主義

――映画俳優協会というのは、もともと俳優さんの福祉を目的にしてお作りになったんですね？

月形　そうです。これを創立したときにはね、ＧＨＱの関係がありましてね、つまり労働組合になっては困るということをやかましく言い渡されたんですよ。

――ＧＨＱは、初めのころは、組合を作れとかなんとか言っていたらしいんですけれど、途中から、例の赤追放なんかで方針が変ってやかましくなったんですね。

月形　とにかく、われわれの場合は、そういう匂いがあっては困る、あくまで文化団体でいけときつく言われたんです。ですから現在もその定款を使っておりましてね、あくまでも文化団体であるということですよ。まあ俳優の親睦とか、福祉とかをうたって……。

――その程度にとどめてあるわけなんですね。

月形　だから、京都の会員は、いわゆる会社の社員は入っていないで、全部契約者ばかりです。社員になっている連中は、その社の組合にはいっていますからね。その連中には、われわれの協会に入る資格はないということになっているんです、現在のところではね。先になってどうなるかわかりませんがね。

――アメリカでは、俳優のトレード・ユニオンというんですか、労働組合が大へんしっかりしているということですが……。

月形　アメリカには、俳優協会というのは三種類くらいの団体があるんですわ。そのなかに労働組合の活動をやっているのもありますし、それから、いわゆるスターの親睦団体というのもあるわけですね。僕らがこっちで作ったときに、向うから参考になるものを全部とりよせて研究したんですよ。ところが、なんといってもＧＨＱの眼があって……。

――それでは、初めはいくらか組合的なものをお考えになってたわけですか。

月形　そういうわけでもないんです。まあ、しかし、現在のままでは、ちょっと中途半端ともいえますね。そのうちいろいろ変ってくることと思いますけれど。

――親睦のための集まりも結構だと思いますけれど、いざというとき、俳優の権利なり利益を擁護して発言できるようだといいですね。

月形　そうなんですよ。ところが俳優協会の非常にむずかしい点というのは、だれでも平等の収入があるわけではなく、ギャラもそれぞれちがいますね。非常にいろんな階級があるんです。だから仕事がどうしても自分中心主義になるんですよ。そうなると、みんなが、いっしょになって、お互いの利益を守るということがなかなかやれないんですな。

――俳優さん自体が大変個人主義だというわけですね。芸術ってものは個人主義的なものだから……。

月形　それで、まとまりにくいんですね。これがまことにまとまりにくい（笑）。

――それでもやはり、そういうものは必要ですね。

月形　そりゃ必要です。だからわれわれはやっているんですけれど、例えばね、会費制で、僕らの階級のものは会費が二千円、それから千円、五百円、三百円、そういうような階級があります。われわれは協会を育てる文化的な意義を認めているから、犠牲的な気持も多分にあって、二千円だしても、それが協会に役立ってくれればいいと考えていますね。ところが、いちばん少ない三百円だす人のなかには、金をとられるばかりで何も利益はないじゃないかというのがある。協会はいったい何しとるんじゃ、ということで、絶えず下のほうから突っ込まれては困るんですがね（笑）。

——私ども昔のものは、みんなが顔を合わせて、なごやかにやることだけでも十分じゃないかなんて考えますけれどね、今の若い人には、やはり組織的に、われわれの利益の擁護とかなんとかうち出さないと、納得できないというわけでしょうね。それにしても、映画俳優協会というようなものは存続させていただかなければ……。

月形　ですから僕らの京都部では、そういう青年部の連中なんか発言権もありますしね、会社に対してね。催しものをやるにしても、何をやるにしても、このごろは彼らが中心で、われわれは口添えに出る程度です。その連中にバトンを渡して、やってもらおうじゃないかとも考えていますがね。

●• 東京はなかなか集まりにくい

——そういう若い方に、京都は実際実力のある人も多いんですから、これからは中心になってやってもらおうということでよろしいですね。東京で映画俳優協会が育たないというのは、やはり中心になる方にいい方がいないせいでしょうか。

月形　やっぱり東京の人柄と、それから関西の人柄のちがいのせいですかね。

——どういう……。

月形　まず、地域的に関西は狭いでしょう。京都なら、集まるといっても、すぐ集まるでしょう。ところが東京はなかなか集まりにくいというような事情もありましてね。そこへもってきて、みんな一言居士が多いらしいですよ、どうも（笑）。

——こちらの人にいわせると、京都へいくとなかなかうるさいというんですけれどもね（笑）。やはりまとまりが悪いということは大きなことですね。東京ですと、撮影所だけでもあっちこっちに建っていますから。京都はその点、太秦に行けば、いちおう全部集まっている。お隣りが松竹さんだなんてことが、親睦の上でも親しみがわいてきますものね。しかし、京都で十周年記念をなさったということが、東京の方に刺戟にはなりますね。

月形　それはなってもらいたいですな。

——映画界が大変むずかしくなってきているときなんで

すから、そのためにも、まとまってもらったほうがいいですね。

月形　そうです、これから協会の忙しい仕事がふえてくるでしょうな。

●●映画俳優第一号誕生まで

――月形さんは、京都時代劇の大御所の一人でいらっしゃるわけですけれど、その中でも一番お古いのではありませんか。

月形　そうですね、まあ、われわれクラスでは私が一番古いですな。もう映画にはいって四十一年になるわけだから。

――亡くなられた阪妻（阪東妻三郎）さんは……。

月形　僕よりも年は一つ上なんだけれど俳優になったのは僕より三、四年遅かったのじゃないかな。もちろん千恵（片岡千恵蔵）さんは僕より後輩ですし、大河内（伝次郎）さんもそうだし、そういう意味では、私がいちばん古いわけです。

――初めから映画を志望してこの道におはいりになったんですか？

月形　ええ、そうです。

――小さいときから？

月形　子どものときは俳優なんかになろうとは思ってませんよ。

――このごろは、小さいときから俳優志望が多いんですね。昔の子供の夢は政治家や海軍大将、陸軍大将でしたが……。

月形　僕は小説家か絵描きになろうと、そんな希望を持ってたんですよ。

――それがどういうきっかけで……？

月形　どうってことはないですけれど、北海道の私の育った家が劇場を経営していたんですよ、田舎のほうでね。芝居や映画を見て育ったもんだから……。

――はじめはやはり牧野省三さんのところで？

月形　牧野省三先生がその当時の日活で尾上松之助の監督をしていたときでした。そのころは歌舞伎の俳優ばかり使ってたわけですよ。映画のはじめで、映画俳優って別になかったわけです。しかし牧野先生は、映画というものは、映画俳優というものを新しく作って育てなければだめだということをしきりにおっしゃって、それで、日活の撮影所のなかに俳優養成所というものを作られたんです。私はその第一期生というわけです。僕は学校出のずぶの素人からそこへはいって訓練をうけたわけなんです。

「ジャコ万と鉄」

――ほんとの意味の映画俳優第一号ってわけですね。

月形　ええそうですね。それからだいぶあとに京都に俳優学校ができましたが、先生は誰だったか忘れたけれど、なかなか組織だった学校でした。そこに小杉（勇）なんかいたんです。僕のころは、そんな教授も組織もなくて、映画の第一頁みたいなもんでした、いきなりその日から、その他大勢に出されて訓練ですよ。

――いきなり実地で勉強なさったわけですね。現代劇にお出になったのはいつごろだったのでしょうか？

月形　だいぶあとになりますね。ここの太泉撮影所ができたときに、ここへ仕事にきたことがありました。そのとき亡くなった井上正夫さんが「大尉の娘」をやるんでここでそのテストをやっていたのを僕は見て知っていますよ。僕のやった仕事はなんだか忘れちゃったが、そのときが現代劇のはじめじゃなかったかな。それ以来、ちょいちょい撮っていますよ。

――その代表的なのは……会心作というのは……？

月形　「桃中軒雲右衛門」[※1]とか「ジャコ万と鉄」[※2]なんか。

――ああ、「ジャコ万と鉄」は戦後谷口千吉さんが監督しましたね。

月形　鉄を三船（敏郎）くんがやって、私はジャコ万。

――それで、現在は東映と専属契約をなさってるんですね。

月形　マキノ（光雄）専務が東横映画をやったときから僕も参加して、東映になったままでずっときているんです。

●● 現代劇俳優もぜひ時代劇を

――現代劇と時代劇とをおやりになって、どちらが面白いんでしょう？

月形　面白さは変りませんね。現代劇はあまりやる機会がないだけで、やることにはちっともかわりはありませんね。時代劇より楽ですね。裃も着ないし、かつらもつけないんだから。

――立ちまわりも？

月形　立ちまわりだって、現代劇の立ちまわりなんかはね……（笑）。

――近ごろはやりの西部劇風アクションものというのはいかがです。ピストルをパンパンやったり、格闘したりで、大変じゃないですか？

月形　あれだって簡単ですよ（笑）。仕事として、面白さに変わりないと言ったんですが、普通の現代劇となら、仕事としてはつらくても時代劇のほうが面白いですな。

——どういう点がですが？

月形　時代劇というのは誇張の美しさだけであり、誇張の面白さですからね。だから、演技にも誇張しているところに面白みがあるわけですね。

——それはたしかにそうかも知れませんね。特殊なもの以外、現代劇の演技はリアリスティックで、誇張はないのですから。

月形　まあ、ちょっとかげんしてやればいいんですからね。これは僕だけの考えですがね。現代劇の俳優さんでも、いちおうはやはり時代劇をやらないとだめだと思いますね。力が出てこないんですね、演技に。

——いわゆるメリハリという……。

月形　そうです。これは台詞の上だけではなくて、気分的なメリハリもありますから、そういうことは非常に大事なんですね。現代劇だけをやってる人は、それができないんですね。ですから、ある時期がきたら時代劇をやはり勉強するということは大事だと思いますね。

●●・牧野省三と東映映画の現在

——実はこんなことを言いたくないんですが、最近の東映の時代劇には、ひところのようなハリきったみずみずしさ、面白さというものが失われつつあるようですけれど……。

月形　どういうわけでしょうね。僕らもどういうわけかと思っていろいろ考えているのですけれども。

——私どもいろいろ批評はいたしますけれど、実際やっていらっしゃる方も考えてらっしゃることがあるんじゃないかと……？

月形　これはやっぱり営業と関係があると思いますね。そういう営業部の悪口みたいになるけれども、楽して金儲けをしようと思っているんですね。ですから、この前当ったから、今度もういっぺんやろうじゃないかという、これなら企画のほうでも楽ですわ。だから同じようなものばかりになってくるんですよ。それではお客さんも飽きますよ。そこに企画の苦心も、営業の苦心もある。マキノの写真が一時風靡しましたがね。これは牧野先生というのはえらい人で、われわれ若い連中に自由にやらしたんですよ。好きなものをやれといって。われわれ若いときでしたから、とにかく文芸作品とかなんとか、やりたいものがいろいろあるでしょう。それを自由にやらせるんです。本読みから、監督から、演技まで自由にやってみろというわけだ。そして番組の穴うめ作品は自分がやるんですよ。三日、四日で撮って。そのかわり小言はきつかったですよ、われわれの作った作品に対してね。いちいち指摘しましてね。どういうわけでそんなことになったということ、これはこうだからこうなったんだというふうに、たいへん厳しいものでした。そんなふうにして次々と新しいものが製作されたんですけれどもね。最近は、ちゃんとソロバンがあって、そのソロバンにはめていくでしょう。だから、高い俳優費は削るべしということにもなりますわ。

――どうすれば面白い映画ができるかということよりも、まず、この製作費で、これくらいの興収のあるものという話になってきちゃ、冒険はできないことになりますね。

月形 ですから、昔は、ちょっと売れないと思うと、とくに営業が力を入れたんですよ。宣伝なりなんなりに。だから僕らは、営業部から注文されたなんていうことはなかったですね。われわれは自由に製作しておったんですよ。このごろは営業部のほうから、あんなシーンは困る。あんな芝居をしてもらっては困るというようなことでしょう。だから逆なんですね。

●● いまは企画に勉強が足りない

――やっぱりソロバンだけでも、映画はゆきづまってきますね。

月形 ゆきづまってくるから、更に製作費をつめる、俳優もいいのをあんまり使わず、セットも安もの……。

――お客さんの眼は正直ですから……。

月形 そうなんです。ごまかせませんよ。そして一種の悪循環ができてきてはいけませんですね。そこへもってきて、テレビとかスポーツとかいって、いろんな方面に大衆は持っていかれますからね。

――それでも、東映さん、日活さんの映画は当たっているそうですから、ですから、批評家なんかが注文をつけてもなかなか……。

月形 僕らマキノ時代に、いろいろな作品を作ったわけですけれども、その時分に小説を書く人が映画を見てヒントを得たもんでしたね。そのころの映画作家は、非常に若くて、非常に進歩的だったということですね。こないだ亡くなった寿々喜多呂九平というのなんかも、晩年はよくなかったけれど天才的で、とにかく次々と新しいオリジナルものを書いたものでした。

――いまは、大衆作家のものから、映画のネタをあさっていますね。

月形 勉強が足りないということですね。

――ひとつには、世代が変わりつつあるということじゃないでしょうか。若い人がだんだん出てきて、古い時代にとって代わりつつあるといった……テレビなんかで、若い人がさかんに活躍しだしていますけれど、映画のほうでも、若い人たちの時代になれば、またフレッシュなものが出てくるといった……。

月形　ええ、それはもう、若い連中が出てきますからね。

●●・時代劇俳優は勉強が第一

――京都の時代劇では、俳優さんでは若い、いい方が大勢いらっしゃいますね。月形さんなんか、いまの若い方をごらんになってどうお感じになりますか？

月形　僕らの若いころとあまりちがってはいませんね。いろいろ言う人もあるが、やはりいい者はよく勉強していますよ。

――それから、いま中心になっている錦之助、橋蔵、大映の雷蔵クラスのあとに出てきた人たちで、北大路欣也とか松方弘樹、それから東京の話になりますが、市川染五郎、中村万之助、市川団子なんていう歌舞伎畑の若手、こういう若い人たちが、映画にはいってきたことは、大変いいことだと思いますけれど。

月形　期待が持てますね。殊によく知っているからだけれど、北大路欣也はいいですね。これは親爺（市川右太衛門）よりよくなるって僕は言ってるんです（笑）。

――京都の若い方で、勉強会みたいなものがあるんだとききましたが……。

月形　ええ、ありますよ。教養部というのがありましてね、女優さんなどは日本舞踊だとか、三味線とか、立ちまわりとか、毎日稽古していますし、俳優協会の青年部でも月一回は、大学の先生だとか、それから東京から京都へこられたという文士の方とか、そういう人をとりまいていろいろ話を聞いたりする、そういう会ももっています。

――勉強ということは現代劇も同じに必要なことですが、時代劇には、どうしても勉強の必要なそういう特殊なことがありますね。こないだテレビで、錦之助と賀津雄の兄弟が立ちまわりの型を見せるのがありましたが、あれなんかを見るとただヤァヤァ、ワァワァって剣をふりまわしているだけなんじゃないんですね。

月形　だいたい時代劇の俳優は、その時代、時代の人間にならなきゃならんでしょう。鎌倉時代なら鎌倉時代、徳川初期なら初期、中期なら中期というふうにね。そうするとその時代というものを歴史的に知っておかなければならないでしょう。そればかりではなくて、それに附随していろいろなことを知らなければならないですから

「桃中軒雲右衛門」

ね。

●●・自己犠牲の精神を

――やはりその時代の雰囲気が画面に出て来なければなりませんからね。歌舞伎の訓練に似たものが、時代劇映画にも必要だということですか。

月形　ええ、必要ですね。

――そういう訓練を、月形さんなどは長いあいだ身につけていらしたのでしょうけれど、時代劇スターで一番大切な訓練は？

月形　まず立ちまわりですね。

――ときどき現代劇の俳優さんが、時代劇に初主演ということがありますね。そんなとき、歩き方からおかしく見えるときがありますものね。

月形　歌舞伎の世界には、自然それを覚えなければならないという雰囲気があるんですが、映画で現代劇スターがたまたま時代劇にでた場合なんかは、誰も教えてくれる人はないんですから、自分で一生懸命覚えていかなければなりませんね。僕なんか長いあいだにいろいろさぐってきたもんだけれど、草鞋のはき方にしても幾通りもあるんですからね。坊さんになった場合には坊主ばきといって、いまの禅宗の坊さんに聞いてもちゃんと教えてくれますよ。町人の場合はこう、侍の場合はこうと、みんなちがうわけです。鳶職なんかはハシゴにのぼるから草鞋がすべらないように、ここのところを十文字に合わせて、紐ですべり止めを作るといったふうな工夫があるんです。

――そういうことは、撮影所では、どういう方が覚えていて指導なさるんですか。

月形　このごろでは小道具の連中が勉強していますがね……だいたい、そういうものを教える人はいないですね。まあ、美術監督がいたり、古いことで、どうしても必要なことは専門の学者に聞きにいったりしますけれども、いちばん困るのは江戸中期以後なんですよ。これは判らないことが多いですね。

――明治維新の前ということですね。しかし、映画では、いちいち注意して見ている方は少ないにしても、やはり、草鞋一つのはき方でも、わかっていればきちんとしていただきたいですね。

月形　このごろは、道具方とか衣装部、そういった裏方の人たちがなかなか勉強をしているんですよ。

――やはり、そういう考証保存その他俳優さんの教養、福祉なんか、いろいろなものを包含する俳優会館または映画会館なんてものが作られなければなりませんね。

「姿三四郎」　©東宝 1943

月形　それは僕らの懸案なんですがね。僕はこう思うんです。若い世代の連中は自分を作りあげることだけに努力をすればいい。しかし、それから一歩出たものは、自分が犠牲を払うということを考えなければいけない。映画界にその精神があれば、俳優会館も建つはずですよ。

（61年6月上旬号）

※1「桃中軒雲右衛門」
　P・C・L・36　監督：成瀬巳喜男　出演：月形龍之介、細川ちか子　明治時代に一世を風靡した浪曲家の半生を描くとともに、彼の奔放な生き方に苦労する妻の姿を描く。

※2「ジャコ万と鉄」
　東宝・49　監督：谷口千吉　出演：三船敏郎、月形龍之介　北海道のにしん漁、網元に喧嘩を挑む無法者ジャコ万と、弱い漁夫たちの味方をする網元の息子との対決をダイナミックに描く。

映画俳優の第一号だった

小藤田千栄子

戦前からの時代劇スターで、かなり個性的。戦前の作品では、私はフィルムセンターで見た「桃中軒雲右衛門」（1936／成瀬巳喜男監督／P.C.L.作品）が、強く印象に残っている。浪曲師役だった。戦後は、東映時代劇のスターで、片岡千恵蔵、市川右太衛門と並ぶ。

だが、この取材では〈映画俳優協会〉について、熱心に語っている。俳優協会ではなく、〈映画〉と限定しているところが、やはり1960年代の時代を感じてしまうのだ。この時代においては、俳優協会は、東京よりも京都のほうが活発であったようだ。

さらに〈青年部〉が出来て、東千代之介が部長、市川雷蔵と北上弥太朗が副部長だったというのも、初めて知ったことだった。GHQとの関係もあり、労働組合になっては困ると言われたなんてことも、時代を表わしているのだった。

この取材の時点で、月形龍之介は、映画の世界に入って41年になると語っている。俳優のキャリアとしては、阪東妻三郎、片岡千恵蔵、大河内伝次郎などよりも長いとのことだ。さらに日活撮影所のなかに出来た俳優養成所の、第一期生とのことなので、映画俳優の第一号とも言えるらしいのだ。

このような大先輩なので、おっしゃることも、はっきりしている。若手俳優にふれて「北大路欣也はいいですね。これは親父（市川右太衛門）より、よくなるって、僕は言ってるんです」と。

加東大介

加東大介は現代劇が上手くできると、成瀬（巳喜男）先生が東宝に推薦してくれました

かとう・だいすけ（１９１１年2月18日～１９７５年7月31日）
東京都浅草生まれ。本名・加藤徳之助。兄は沢村国太郎、姉は沢村貞子、府立第七中学卒業。29年に二世市川左団次に入門し、33年に前進座に入り、同年、「段七しぐれ」に映画初出演。戦後、前進座を脱退、48年、大映に入社、51年にはフリーとなって各社に出演。黒澤明とは「羅生門」50以降、「七人の侍」54、「用心棒」61に出演。「決闘鍵屋の辻」「おかあさん」52、「ここに泉あり」「血槍富士」55などで、バイプレーヤーとして不動の地位を確立。以降も「鬼火」56、シリーズ4本作られた「大番」57―58、「一本刀土俵入り」57、「南の島に雪が降る」61などで主演、また東宝の名物「サラリーマン」「社長」「駅前」シリーズにもレギュラー出演しており、一方で「浮雲」55、「流れる」56、「女が階段を上がる時」60、「乱れ雲」67など成瀬巳喜男作品の常連としても活躍した。

小柄な体軀のなかに、ピッチリと詰まっている感じである。もちろん、智恵とファイトとエネルギーとがである。狙ったことは絶対にのがさない執念みたいなものもある。このひと、次ぎには何を狙うか、おたのしみ。

ほんとうの〝南の島〟

――「南の島に雪が降る」[※1]は、文芸春秋にのったとき、愛読させていただいたんですよ。ほんと良い映画になりまして、おめでとうございます。でも、出来上るまで加東さん、何やかと、お心使いなさったでしょう？

加東　いやア、どうもみなさんのおかげさまでしてね。でも、笑っちゃったんですよ。終りましたら、急に白髪がふえちゃってるんです。やっぱり神経使ってたんですね。

――お察ししますわ。

加東　それに、撮影は三幸スタジオを使ったんですが、五十度まであがるんですね、なかの暑さが……。

――そりゃア南の島で雪が降るどころじゃなかった……(笑)。

加東　ええ、ですから、暑さでは南の島の感じは出た

「南の島に雪が降る」　©東京映画＝東宝 1961

んですけれどね（笑）。ステージの上のほうに警報器がつけてあるんです。セットの温度がこれ以上高くなってあぶないってところまでいくと、リーンと鳴るようになっているんですね。

――つまり火事になるっていう？

加東　そうなんです。三幸は冷房なんてものがないところへもってきて、天然色というんでしょう。そこへパン棒動かすでしょう。うんと電力をくいますよね。だもんですから、警報器はリンリン鳴りづめなんですよ。あまり鳴るんでこれじゃ仕事にならないから、警報切っちゃえというんで、切っちゃったんです。ひどいもんですよ（笑）。

――実感が出たかも知れませんが、実際の南の島では、どの程度の暑さだったんですか？

加東　それほど暑くはないんですよ。暑いには暑いですが、どっちかといえば、湿気が多くて不快指数が高いという程度なんですね。

――じゃ、しのぎにくいというわけですね。

加東　毎日スコールがあって、それがジャングル地帯ですから、雨の蒸発がおそいんですね。なんとなくジワジワ暑くなってちょうど梅雨の暑さの感じですね。でも裸でいられる程度なんで、夜はお腹の上に、何かのっけて裸で寝るわけです。

――まあ、籠城するには、着るものもあんまり要らないし、そんな気候がかえってよかったかもしれませんね。

加東　よかったですね。凍え死ぬなんていうことはありませんから（笑）。ただ食物のないところへ、あまり大勢の人数が集結しちゃいましたから、薯《いも》を植えて、それが収穫できるようになるまでに、一時どんどん人が死んだりしましたけれど。

――お薯が常食になったんでしたね。

加東　あとはバナナあり、マンゴーありヤシの実あり、魚もとれましたし……。

――なかなかデラックスに聞えますね。果実だけでも（笑）。南の楽園みたいに……。

●● 赤痢・マラリア・最低の島

加東　こないだも松山善三さんのお話を聞いたんですけれども、お兄さんがホーランジャで亡くなったという通知を受けられたんだそうです。そこはニューギニアの最激戦地だったんですがね。だけど自分はどうしても死んだと思えないとおっしゃるんですね。結局、南方だから、裸でもいられるし、食物はジャングルのなかへ行けばあるかもしれない。アフリカみたいに猛獣の出るとこ

「南の島に雪が降る」

ろじゃない、とすれば生きてるんじゃないか……。

——可能性はあるわけですね。

加東　ええ、ですから松山さんは、新聞にも、戦争が終ってずいぶん経つけれどもあきらめないで、ジャングルのなかなどにビラをまいてほしいと書いてましたね。

——しかし、死んだ方も随分あったんですね。

加東　そりゃ、最低の食糧が確保できるようになるまでは、ひどかったですね。一時、シャベルですくうほど死にました。栄養失調でね。

——そのなかで生き残っていらしたわけですね。

加東　最初四万人が、マヌクワリに集結したんですが、その半分がバボへ転進してほとんどその途中で死んじゃったり、ホーランジアで死んだり、最後に復員船に乗船したのは七千人ですから、転進しなかった一万数千人のうちからも、七、八千人は死んでいるわけです。

——弾丸に当って死んだというのは、あまりないわけですか？

加東　半分もいないでしょうね。栄養失調、マラリア、赤痢、熱帯潰瘍なんかですね。

——映画にならない部分で、まだずいぶん面白い——といっちゃわるいですけれど、貴重なお話もあることでしょうね。

加東　文春の読者賞をいただいて、本にするのにページが足りないから書き足せといわれても、何しろ十何年もたっていますから記憶があやしくなっちゃいましてね……文芸春秋で見て、〝わたしは一等兵ではありません、兵長でした〟なんて言ってくるやつもいますしね。それだもんですから全部書き直したんです。ニューギニア生残りの連中の会というのが東京にあるもんですから、みんなと話して本に書き加えようと思って行ったんですね。そのとき、転進組の方がいましたね。ぼくたちは十人いっしょにいって、十人無事向うへ着いたと言うんです。聞いてみると、先にいって死んだやつの骨を辿っていったというんです。尊い道しるべですよ。

●● 芝居は兵隊の生きる綱

――加東さんにお目にかかったらお訊ねしたいと思ってたことがあるんですよ。あの映画に出てくる芝居小屋ですけれど、表から見たところ大変立派なんですが、ニューギニアに作った実物もああだったんでしょうか？

加東　久松（静児監督）さんも批評を全部読んだら、そのなかに劇場がりっぱすぎるというのが出たね、と言ってましたが、あれは、結局、あそこにいたのが基地部隊ですから、そういう大工仕事のようなことの出来る連中が多かったわけです。それが仕事をしているあいだは故郷のことも忘れていられるので、みんないっしょうけんめいになってやったんですね。宮大工だったという兵隊がものすごく立派な透し彫を作っちゃった横に、荒削りの板が打ってあったり、全体としては大変アンバランスなものなんですが、大体実際のもののように作ったわけです。ところが写真になると、そこまでカメラを持っていかなければ判らないんですね。

――なるほど、劇場の内部では、そういう感じもありましたね。でも、割合立派なものが出来たことは事実だったんですね。

加東　ええ、立派なものができました。とにかくホリゾントも作っちゃったんですからね。最後に廻り舞台を作ろうと準備しているところで、復員になっちゃったんですから。

――とにかく、芝居が兵隊さんたちの生きる綱みたいだったんでしょう？

加東　ええ、ほんとに何にもないところで、いつ帰れるかわからない生活のなかで、みんなの心を故国へつなぐただ一つのものだったんですね。ですから、そのころ芝居を見に来た人に会うと、あのときはありがとうといわれるんです。ある遺族の方は、主人はニューギニアのジャングルのなかで苦しい思いをして死んだと、それぱかり気がかりでしたが、ご本を読み、テレビや映画を見て、あなたの芝居を見たときだけは、主人も苦労を忘れて笑っただろうと思うと、十六年目に肩の荷がおりたような感じがしました、ありがとうございましたといわれたとき、まったくこちらがありがたくなっちまいましたね。

――加東さんの生涯のなかの、いい記念碑ができたようなもんでしょう？

加東　ええ、まったくそうなんです。

●●●『め組の喧嘩』の又八から

――加東さんのご一族は、沢村国太郎さんご一家、それに沢村貞子さんと、映画・演劇一家として知られていらっしゃるわけですけれど、お父さまが、なにかお芝居の関係の方でいらしたんですか？

加東　父が河竹黙阿弥さんの最後の弟子だったんですよ、いわゆる座付作者の。狂言作者ですね。

――その関係で国太郎さんがまず役者になられたわけですか。

加東　そうなんです。昔は狂言作者は、座付もしくは役者についていたんですね。つまり黙阿弥さんだったら

小団次という人につくとか、団十郎さんには福地桜痴居士とか、そういうものがあったんです。それで、うちのおやじなんか、かけだしだったんでしょうけれども、沢村宗十郎さんについていたんですね。

――お名前はなんとおっしゃったんですか？

加東　竹柴伝蔵というんです。本名は加藤伝太郎といったんですけれども。そんな関係で兄貴が宗十郎さんのところのお弟子になったんです。

――国太郎さんが映画にお入りになったのは？

加東　兄貴は子供の時分、沢村小槌といって、それから国太郎となったんですが、そのころマキノ省三さんにひっぱられましてね。

――それで加東さんも、続いてはいられたんですか？

加東　その後は姉の貞子が入ったんです。わたしは戦後ですよ、映画は。

――いえ、お芝居は？

加東　芝居は小さなときから、アルバイトでやってましたよ（笑）。つまり、わたしたちは浅草の生れでして、生まれたところが猿若町といって、例の猿若三座があったところですが、その名残りで宮戸座という劇場があったんです。そこは歌舞伎の若手、まあ御曹司たちの道場みたいなところになっていたんですが、おやじが宮戸座の顧問のようなことをしていた関係で、兄貴なんかも出ていたんです。そして、たまたま『め組の喧嘩』という芝居が出たときに子役の又八をやるのがいないんですね。その時分でもタレント不足というやつですな（笑）。それじゃ加藤さんとこの小槌の弟はどうだろうということになって、わたしは三つだったんですけれども、臨時に頼むというんで、ひっぱり出されたんです。その時分はのんきなもんですね、わたしも子供ですし、おやじも兄貴も芝居関係だったから気にしないで出ちゃった。その時の芸名がふるってるんです。兄貴は小槌で、弟は色が黒くて丈夫そうだから、金槌（笑）。それで出ちゃったんですよ。それが、どうにかやったんですが、それからは、おふくろが、どうも出すのいやだと言ったもんですから、必要なときだけということになりまして、宗十郎さんが『苅萱桑門筑紫轢』をやるときに石童丸で出るとか、そのときどきの必要に応じてアルバイトしたわけです。

修行の最初は草履とりから

――本格的になったのは？

加東　中学へ入るといっしょにアルバイトもやめまして、そのころは、もっぱら医者になりたかったんです。

「南の島に雪が降る」

どういうわけですかね、親戚に医者があったせいでしょうか。ところが、わたしが中学を卒業したのが、市川左団次さんがソビエトから帰っていらしたときで、その時分、うちのおやじは、宗十郎さんのところから、左団次さんのところの仕事もやっていたんですね。脚本は書かずに、むしろマネジャーのようなことですが。そうしたら左団次さんが、これからの役者は、中学を卒業したくらいのがほしい——その時分、中学を卒業して役者になろうということはなかったんですね。役者などなったら勘当されるといったり、役者乞食なんていう言葉の残ってた時代ですから。ところが左団次さんが、加藤さんの息子は中学を出るそうだが役者にしないかとおやじに話したんですね。わたしも新聞で、新帰朝の左団次さんのことを読んでましたし、そういわれると、すぐにその気になって、中学を出るといっしょに左団次さんのところへいったんです。

——前進座へいらしたのは？

加東　その時分、左団次さんのところの若手でいたのが、河原崎長十郎さんで、わたしをたいへんかわいがってくれたんですね。ですから、あの連中が前進座を作るときに、わたしもいっしょに行ったんです。ほんとの役者としての修行ができたのは、それからですね。その前は、師匠の草履を持っていったり、お茶を運んだり、お風呂の三助するほうが忙しかったんです。

——歌舞伎の世界というのは、そういうところなんですか？

加東　そうですね。いまはそういうことはないでしょうけれども、たとえば狂言がきまって配役が出るんですね。たまに一言くらいセリフがつくんですよ。ああ、おれはセリフがあるなんて喜んでいると、番頭というのがいて見にくるんです。すっと見て、演技事務みたいなことをやる頭取のところへ行って、〝頭取さん、ここで莚司が出ると——わたしは左団次さんから松莚という俳号の一字をとって莚司という名前をもらっていたんですが——ここで莚司が出ると、師匠のお風呂に三助がいなくなっちゃいますよ〟と、それでオロされちゃうんですからね。そういう世界でしたよ。お風呂でも二つありまして、幹部の入るのと、われわれ平名題以下が入るのと違うんです。便所でもそうです。ところが幹部の息子さんですね、勘三郎さん、段四郎さん、松緑さん、ああいう幹部の息子さんは入れるんです。そういう差別待遇というか、矛盾が歌舞伎界にあったんです。長十郎さんは、あの人はむしろ入れる身分ですけれども、これじゃだめだというんで前進座を作ったんですね。だから、わたしなんか、賛成、というんで、いっしょにいっちゃったんです。

復員船の中で見たキネマ旬報

――歌舞伎の世界は毛なみがよくなきゃだめだというのは、そういうわけなんですね。それで、戦後は、復員してからすぐ映画におはいりになったわけですか?

加東 そうなんです。前進座には昭和八年から十八年まで十年間いたことになるんですが、戦時中は、わたしはニューギニアで玉砕したという噂が伝わって、前進座では、死んだものと思っていたんですね、ところがうちの家内にしてみれば、公報がはいるまではあきらめきれない。それで前進座が信州へ疎開したときも、わたしがいつ東京へ帰ってくるかも知れないからと、前進座と袂を分って、おふくろといっしょに東京にがんばっていてくれたんです。ところが家が爆撃でやられてしまったものですから、京都へひきあげて、兄貴のところへ行ってたんですね。わたしは、終戦後一年間ニューギニアにいて復員したんですが、復員船のなかで見た薄っぺらな映画雑誌――あれ、キネマ旬報じゃなかったかと思うんですが……。

――たぶんそうでしょうね。終戦後たしか初めて出た映画雑誌がキネマ旬報だったと思いますから……。

加東 それに「狐の呉れた赤ん坊」の写真が出ていて、阪妻(阪東妻三郎)さんと子供がいるんですよ。その子供のところに沢村雅彦と書いてあるんです。〝アッ〟てなもんです。出征するときに、確か三つくらいだったやつですが、わたしは少くとも兄貴のところの甥が生きてるということだけはわかったんです。船のなかで聞くと、日本はもうめちゃめちゃにやられているということだったんですから……。うれしかったですね。

――それで京都へ……?

加東 いえ、名古屋へ上陸したもので一応京都へは電報を打っておいて東京へ行っちゃったんです。桜上水の家は焼けてるし前進座へ行ったら、女房はやめて京都へ行ってるというので、すぐ京都へ行きました。そのころ、国太郎と貞子、それに女房の当時京町みち代が加わって、新伎座という劇団を作って地方巡業をやっていましたが、わたしは、父と母とが姉の家にいるところへ帰ったとたんに、マラリア再発で一週間くらい寝こんでしまいました。よくなって前進座を正式にやめさしてもらって兄貴たちの劇団に加わったんですけれども、映画は阪妻さんが大映で撮った「木曾の天狗」というのに、すすめられ出たのが、大変好評で、松山英夫さんが、映画へ入らないかと言ってくだすったんです。

●● 芸名の名づけ親はマキノ光雄

——映画に入られるときに、加東大介と名前を変えられたんですか？

加東　ええ、正式に映画入りをして初めての作品が「五人の目撃者」[※2]だったんです。そのころはGHQの指令で、チャンバラがいろいろ取締られ現代劇がさかんなときですから、市川莚司というのは前進座のイメージがあって損だとマキノ光雄さんが言うんですね。本名の加藤徳之助では、呉服屋の番頭さんみたいだし（笑）、そのときの「五人の目撃者」の役名が何とか大介だったので、加藤大介がええ、ということになったんです。ところが、ポスターではいつの間にか加東に間ちがってたんですが、ミッちゃんが加藤の藤より東のほうが、左右同じでいいなんていうんでそのままになりました。

——それが二十三年のことですね。それから二十七年と三十年とにはブルーリボン賞をとっていらっしゃいますね。

加東　ええ、二十七年には「決闘鍵屋の辻」と「おかあさん」とで、三十年のときは「ここに泉あり」と「血槍富士」でした。しかし、わたしはしばらく京都で仕事をしてたんですけれど、「五人の目撃者」に続いて、「千姫御殿」に出たんです。わたしの役は、たいへんいい役なんですよ、傘屋のおやじで。それで意気軒昂として行きました。記念写真を撮るというんで、わたしもこうやって並んでたんですよ。そしたらカメラに入りきらなかったんですね。あ、その端の人、いらないよ、と言うんです（笑）。そのときはゾッとしましたね。

——ほんとにそんな時もおありになったんですかね。

加東　それにやっぱり、映画にはいるのなら、東京でなければと思いましたね。幸いにして、黒澤明さんが来られたときお会いしたら、「羅生門」にこんな役でもいいかいというので、警備の武士に使ってもらいました。それで、木下恵介さんが「四谷怪談」をやるときに、黒澤さんが、京都に、前進座にいた市川莚司が加東大介でいるから、あれを使ったらいいだろう、と言って下さったり、長谷川（一夫）さんが、三井弘次さんの蝙蝠安、出られないから、大ちゃんにと言ってくれたり、そういうふうにして、だんだん芽が出はじめたんですけれども、なんかもう一つないんですね。

そのうちに「自由学校」[※3]を吉村（公三郎）さんが大映で撮ることになって、小野文春君とからんで歩く役があって、これも三井弘次さんに予定されていたのが出られなくなって、わたしにまわって来たんです。それで東京へ吉村さんに会いに行って、いいだろうということになって、忘れもしません話がすんだあと、階下の宣伝部へおりて来たんです。そしたら京ちゃん（京マチ子）が来ているんです。あの人も東京へ出てきて間もなくだったんですが、毎日コンクールの授賞式へ行くんだと言うんです。宣伝部の人に誘われて、わたしははじめて授賞式を見て、やっぱり東京へ来て、激しいだろうけれども、こういうチャンスをつかまなければだめだとしみじみ思ったんです。

――それがいちばんの主動力になったんですか、東京へ戻っていらっしゃる？

加東　ええ、その晩、宿へ帰って、わたしもそそっかしいですから、すぐ京都へ電話して、女房に、おれはやっぱり東京へ出てきたいと思うと話をしたら、あなたがそう思うなら、わたしも賛成です、といって切っちゃった。それで「自由学校」の仕事を終えて、おれは何年計画でも、東京へ出てこなければならんぞ、と思いながらうちへ帰って見たら、おどろいちゃいましたね。女房はちゃんと東京へ移る支度をして待ってるんですよ（笑）。

©大映 1951
「自由学校」

三カ月遊んで現代劇へ

——いやおうなくというところですね。

加東　それで、東京へ来て落着いて、最初に行ったのが東宝撮影所なんですが、演技課長さんが、ああ、うちじゃ時代劇やらないよ、と言うんです。いや現代劇やります。そうですか、じゃ考えときましょうというようなもんですよ。それから成瀬（巳喜男）先生を、戦時中、ルンペン映画でわたしを使って下さろうとして、内務省から中止を食っちゃったことがあったりして知っていたもので、訪ねて行ったり、黒澤さんのところへ挨拶に行ったり、大船へ行ったりしたんですが、約三カ月は遊んじゃいました。仕事がないんです。三カ月籠城して、それであったのが皮肉にも大映で吉村さんの撮られた「源氏物語」※4だったんです。長谷川さんの光源氏に、乳兄弟の惟光を、大ちゃんにと長谷川さんがいって下すって、松山さんからどうかねと言われ、是非やらせて下さいというわけです。それで、東京へ出てきて第一回の仕事が京都行きになっちゃいました。

——逆輸入ってわけですね（笑）。

加東　ええ、その代り東京から呼んだ俳優さんなみに、送り迎えなんぞしてもらえませんでした、その時は。それでもうれしかったですよ、仕事にありついたことが……。それが終って、「決闘鍵屋の辻」、続いて衣笠（貞之助）さんで京都へ行ってたとき、東京の家内から電話で、成瀬さんの「おかあさん」に出られるといってきたんです。これはたいへんうれしかったですね。加東大介に現代劇がうまくやれるかなということになったとき、成瀬先生が、やれると言って下すったんだそうです。それを聞いたとき、うれしくって、電話口で泣いちゃいました。あれがベスト10にはいりましたし、ブルーリボン賞もいただきました。

ギューちゃん、これが最高の幸せ

——それから、「大番」※5では、これまで地味な脇役専門のように考えられていらした加東さんが、りっぱな主役をなさったわけですね。

加東　戦前は、脇と主役の差別がひどかったですね。それを死んだ河村（黎吉）さんとか、進藤英太郎さん、志村喬さん、三井弘次さん、笠智衆さんなどが堂々として脇役というものをだいじに育てきてくださったし、批評家の方たちも、そういう脇役の重要性をたいへん強調して下さるようになりましたね。そしてお客さまも、そういうものかと、認識するようになった時代、その時分に、わたしは映画にはいったんですから、ずいぶん楽でした。けれど、いつか小林桂（樹）ちゃんが、こんど僕のやる映画で、加東さん、重要な社長の役があるから、是非つきあって下さいといわれたんですが、加東大介がいくら二度賞をとっていたって、小林桂樹と加東大介じゃ、映画は売れない、といわれてだめになったこともあるんです。だから、ダイヤモンド・シリーズの「鬼火」※6をやるという話が佐藤一郎（プロデューサー）さんからあったときも、だめだろうと思っていたんです。

――「鬼火」が成功し、また「大番」のギューちゃんは獅子文六さんが、加東さんをイメージにおいて書かれたんじゃないかと思うくらい、ピッタリでしたね。

加東　営業部では何かいったそうですが、藤本（真澄）さんが全部手を打たれたもので、無事やらせてもらいました。しかし、カメラが廻りだすまでは、〝都合によりやめました〟と言われるんじゃないかとヒヤヒヤしてましたよ（笑）。

――それも、出来上って大好評だったんですから。

加東　ええ、しかし、今日も立教大学で炭鉱問題がたいへんやかましいので、去年「筑豊のこどもたち」※7を撮ったことについての話をしてくれと頼まれて、にわか講師になりまして、なれぬ演説をぶってきたんですが、はいって行くととたんに、ギューちゃんだという声がするんですね。六年たっても「大番」のギューちゃんだといわれるのは、たいへん幸せだと、同時に、そこから脱皮する努力、それをこれからしなければならない、たいへんなことだと思いました。

――なるほどね。役者さんて、ほんとにそんなものなんですね。いろいろどうもありがとうございました。

（61年12月上旬号）

※1「南の島に雪が降る」
東京映画＝東宝・61　監督：久松静児　出演：加東大介、伴淳三郎　太平洋戦争下の西部ニューギニア。飢餓とマラリアに苦しむ日本軍は兵士に娯楽を与えようと演芸班を組織、簡易ながらも劇場を作り、『浅草の灯』『瞼の母』などを上演する。

※2「五人の目撃者」
東横映画＝大映・48　監督：松田定次　出演：竜崎一郎、木暮実千代　銀座のホステス・マリの弟が銀行強盗をして逃走した。マリの親しい客たちは弟を強盗仲間から匿い自首させる。

※3「自由学校」
大映・51　監督：吉村公三郎　出演：小野文春、木暮実千代、京マチ子　獅子文六原作小説を松竹とともに大映が競作、同週に公開され話題となった。社会や家庭か

©東宝 1957

ら脱出し浮浪者の群れに飛び込んだサラリーマンを描いた喜劇。

※4 「源氏物語」
大映・51 監督：吉村公三郎 出演：長谷川一夫、木暮実千代、京マチ子 大映創立10周年記念作品。

※5 「大番」
東宝・57 監督：千葉泰樹 出演：加東大介、原節子、淡島千景 昭和初期の兜町を舞台に株で一旗揚げる男をユーモラスに描く。

「大番」

※6 「鬼火」
東宝・56 監督：千葉泰樹 出演：加東大介、津島恵子 長年病気で寝たきりの夫を支える妻。男が彼女によこしまな欲望を抱いたため妻は夫ともに死ぬ。

※7 「筑豊のこどもたち」
東宝＝日映新社・60 監督：内川清一郎 出演：加東大介、小泉博 不況のどん底にあえぐ筑豊炭鉱地帯の窮状を子供たちの目を通してドキュメンタリー・タッチで描く。

「南の島に雪が降る」の時代

小藤田千栄子

戦前は、前進座の歌舞伎俳優。戦後は映画の世界に入り、いちばん有名なのは「大番」。これは兜町での出世物語だ。ついで「南の島に雪が降る」が人気だった。東宝の〈社長シリーズ〉にも、何本も出ている。このインタビューでは、最新作「南の島に雪が降る」に始まり、歌舞伎の家のことを語っている。

「南の島に雪が降る」は、加東大介の実録ものとも言える作品で、まずは『文藝春秋』誌に掲載された。太平洋戦争の時代に、ニューギニアの激戦地で、演劇班が芝居を上演する話である。班長は、加東大介曹長。芝居は『瞼の母』。最後の別れの場では、雪を降らせて、演じる兵も、見る側も、みんな泣いてしまったという話である。もちろん芝居の雪なのだが、戦時下のニューギニアで、このようなことがあったという驚きもあった。

加東大介は、兄は沢村国太郎、姉は沢村貞子で、往時の映画ファンは、このようなことは、みんな知っていた。だが、加東大介の実父が、歌舞伎作者＝河竹黙阿弥の、最後の弟子であったとは、このインタビューで初めて知ったことだった。お父さんの関係で、まずは兄の沢村国太郎が、歌舞伎の世界に入り、ついで加東大介も歌舞伎の前進座に、そして姉の沢村貞子も女優の道を歩き始めた。

映画と演劇、双方で活躍したのが、この家族の大きな特徴で、そのプロセスが語られているのが、このインタビューの素晴らしいところである。

早川雪洲

ハリウッドでは金がどんどん入ってきて、
パーティしかやることがなかった

はやかわ・せっしゅう（1889年6月10日〜1973年11月23日）
千葉県生まれ。海軍兵学校を目指すが水泳の飛び込みで鼓膜を破り、体格検査で不合格、そこで09年に渡米、シカゴ大学に入学する。大学卒業後、日本人で結成した劇団に入団し全米を回っているうちにスカウトされ映画にも進出するようになる。主演した「タイフーン」14が大ヒットし、一躍、名を挙げるようになり、以降、「ザ・ヴィジル」14、「ザ・チート」15、「テンプテイション」16も大ヒット。やがてプロダクションを立ち上げ、戦前はアメリカ、ヨーロッパで多数の映画に出演し大活躍した。戦後は帰国して日本映画「レ・ミゼラブル」50、「赤穂浪士」「悲劇の将軍・山下奉文」53に出演する一方、「東京暗黒街・竹の家」54、「戦場にかける橋」57ではアカデミー賞助演男優賞の候補となり、「緑の館」59、「南海漂流」60に出演。日本が生んだ最大、最高の国際俳優だった。

日本よりも外国で知られ、その力量を発揮している人だけに、ちょっと日本人感覚のマス目のなかからハミ出しそうなところがある。それでいながら、非常に日本的、あるいは東洋的意識が誰よりも強烈である。国際スターとしては、ハリウッドの初期、カリフォルニアに日本人排斥の嵐が吹きまくっていたところからの第一線スター。その貫禄とスケールは、東洋ブームに乗ったそれとは少しちがうところがあろう。

●• 運命にあやつられ映画スターに

——最近はまた国際スターということがだいぶ話題になっておりますけれど、早川さんなんかは、その国際スターの草分けでいらっしゃるし、スケールの点でも、スターとしての生命の点からいっても、いちばん大きく、長いということができるのではないかと思いますが、映画界、それもアメリカの映画界へ進出されたキッカケは？

早川　いや、それは偶然になったというわけだね。僕は運命論者というほどではないけれど、人間の運命というものを、非常に研究しているんですよ。

——では、早川さんを映画に結びつけたのも運命で……？

早川　僕は占いというものが、よく当ることだということを経験していますね。すくなくとも人間の運命というものが生前に定められているものだとすれば、なんかそれが人間の生理的なものに表現されてるわけだね。例えば、肉体的にあらわれるとか、筋に出るとか、目の色だとか、耳の形だとか、そういう外形的なものに出る、易というのは、むしろそこから見るのでしょう。

——なんかそういう易かなんかで見ておもらいになったことが、それが早川さんの現在の運命を予言したといったことがあるんですか？

早川　僕は昔から今日まで、別に迷信的な人間ではないと信じているんだけれど、自分のいままで歩んだ道が、みな、その運命によってあやつられているような感じがするんだな。自分がコレと思って、こういうものになったのじゃない、みんな脇から生れてくるんですね。しかしそれは占いといえば占いだが、タナボタ式に、他人のくれるのを口を開いて待っているだけではいけないんで、やはり努力とか研究といったものは始終やらないといけない。

——どこからボタモチが落ちてくるか、どんなふうに落ちてくるか、そのときはどんな風に構えて待って——

早川　待っているだけではいけないんだ。泥棒を見て縄をなうような心構えではいけない。始終なにかを身につけていなければいけない。僕は身につけたもので、自分の仕事に役立たなかったものは、一つもなかったな。仕事の上ばかりでなく、僕の人生の上でも、もちろんのことだけれど。

——つまり、運命だけでは、人間は作られていかないということなのですね。

早川　そうだね。僕は子供のときから、剣道と柔道をやらされていたでしょう。これが第一、映画のほうで大いに役立っている。それから不思議なことに、なんということなくやっていたお茶とお花とが、映画で役に立った。

——どんなことでお茶やお花を？

早川　僕は中学は当時日比谷にあった海軍予備校へいったんですが、これが後の海城中学という荒っぽい学校なんだが、当時二つボタンに錨の徽章のついた帽子をかぶって肩で風を切って歩いておったものですよ。隣りが第一府立中学で、あそこの生徒がまたよろしくなかった（笑）。ボート、柔道、剣道などというものを盛んにやって、腕が鳴ってしようがないもんだから、なんかというと、一中の奴なまいきだというので、殴り合いになる。僕は伯父の家に寄宿しておったんだけれど、あまりそんな風に殺バツになるといけないというので、伯父の娘、つまり僕の従姉妹のところへ教えに来る先生について、いっしょにお茶とお花とをならわされたんですよ（笑）。いやいやながらね。

——それが後に大いに役に立ったわけなのですか？

早川　たとえば最近では、「戦場にかける橋」[※1]のときにね、僕の将軍のいる部屋に床の間のようなところがあって、掛軸などがかけてあってその前にちょっと花をいけるところがあったでしょう。セイロンには、いろいろ花が咲いていて、それを向うの小道具係りみたいのが切ってきて挿すわけなんだ。僕はそれを見ていて、それでは床の間の生家にならん、それでハサミとナイフとで、それを生けて見せたところが、プロデューサーとデビッド・リーン監督とが見ていて、美しいと感心してくれてね。僕がたのまれもしないのに、それをやったということにも感心したらしい（笑）。それから、プロデューサーと監督が非常に好感をもってくれたね。

●● あなたは水に関係がある

——早川さんの初期のハリウッド時代の生活は、いままでは一種の伝説化しているようなものですが、あのハリウ

ッドの映画にお入りになった直後の動機とかチャンスというのは、どういうことだったのでしょうか？

早川　それが僕の運命論なんだね。僕は最初の志望は海軍士官になることだったんですよ。昔の江田島の海軍兵学校の試験をうけてパスしたんだね。四月に試験があって十一月に入学するわけです。ちゃんと支度もしてきまっていた。そうしたところが、僕の従姉が結婚するんで、本所にお爺さんの占い師がいてね、それに結婚のことを占ってもらうというので、僕もいっしょについていったんだな。従姉がみてもらってから、ああ、坊ちゃん、ここへいらっしゃいというんですよ。僕は結婚するわけじゃないからいらんよといったんだが、いやみてあげるから来いというんですね。ところが、その爺さんが、あんた、なんか水に関係していますね、と言う。水というと、酒屋かね（笑）。いや、もっと大きい。海だね。いま、それをやっているが、しかし、これはだめです。必ず運命が変りますよ。僕は馬鹿なことをいうな、今さらひくわけにはいかない、僕は海軍大将になるつもりなんだからというと、しかし、必ず運命は変って、外国へ行くようになる。そしてそのほうが成功しますね、と言われた。その夏、僕は、故郷の房州へかえって、海へはいり、深いところへもぐって、耳を悪くして、鼓膜を破っちゃったんだな。早く治せばよかったのに、こんなことぐらいと思っておったところが、いよいよ江田島へ入学の前の体格検査で落されてしまったんだ。

——お爺さんの占いがピタリと当ったというわけですね。

早川　第二回目にそういうことがあったのは、それから七年後のことだったね。僕はやっぱりその後アメリカへ行っちゃってシカゴ大学へはいったんだが、大学を出て、日本へ帰ろうか、どうしようかと思っていたとき、夏だったので屋台店のようなところでメロンを食べておった。ところが、そこの親爺が、僕の顔をじーっと見ているんだ、気味が悪いほど。

——そのメロン屋というのはアメリカ人ですか？

早川　いや日本人でした。広島の人でね。あなたの名前はHではじまる、なんてことをいうんだな。そのHの字が、天の川のように白い雲に書かれて、世界じゅうの人がそれを見るようになるというんですよ。馬鹿なことをと、そのときは一笑にふしたが、後に思い当ることがあって、その人を探したが、そのときは遂にわからなくなっていたね。

——それがどんなキッカケで役者になられたんですか？

早川　ロスアンゼルスに日本人の劇団があってね、見るとひどい芝居をやっている。僕は若いときに徳富蘆花

「戦場にかける橋」
©米 1957

の『不如帰』を読んで凄く感激し、それが芝居になったとき何べんも見に行って、台詞もほとんど暗記するほどだったので、自分で脚本を書き、演出し、武男の役で自演してみせたところ、これが大いにうけてね。サンフランシスコからシアトルと、日本人のいる町をうってまわったわけだよ。

――それが映画入りなさったのは？

早川　そんな芝居をやっているうちに、こんな日本人だけに見せることをやっていてはいかん、ひとつこんどはアメリカ人にも見せるものをやろうと思ったんだ。シカゴで「タイフーン」[※2]という芝居をよく見たんだが、この主役を日本人がやっているんです。これは最初イギリスでやって、それからニューヨークでやり、シカゴへ来たんだが、僕はこれをやろうと思ったんだ。

――日本人が主役をやるほかは外国人ですか？

早川　そうは思ったが、こちらは金もなければ何もない。普通の俳優なんか使えるわけはないから、俳優学校の校長のところへ相談に行ったね。こういうものをやりたいが、ただで働いてくれる人はいないか、その代り儲かったら、そのとき金を払うといったら、その学校の学生に話してくれた。三年の学校なんだが、三年生が四、五人、入学したばかりの奴が五、六人働いてみようといってくれた。そのなかから、キャストをきめてやってみたんだ。ところがこれを見たインス（トーマス）が、これはいい、これを映画にしようじゃないか、というわけです。僕は初めはそれをいやだといって、すったもんだしているうちに、いろいろとむずかしい条件を出したところが、インスはそれをみんな受けいれてくれた。おまけにサラリーは、そのころ最上というのをふっかけてやった。そしたらことわると思ったが、それものんでしまったんだね。それじゃあというので契約したんです。なにしろ、当時（一九一四年）まだ自動車が少なかったときに、自動車で送り迎えをさせたんだから最上の条件であったわけですね。

――映画の評判もよかったのですね。

早川　ちょうどパラマウントができて、出来た作品の配給をやったんだが、当時は二巻ものしか作らなかったのが「タイフーン」は六巻もので超大作というわけだね。それがまた当ったんだね。

●• ハリウッドの早川城

――そのころですか、早川さんが、ハリウッドでお城のような家に住んでいらしたというのは。

早川　なにしろ金がどんどん入って来ても、こっちは忙しくて使う暇がないから、大きな四階建ての邸を買って住んでたわけです。あの当時一流のスターや一流の監督を呼んでときどき大きなパーティを、大てい土曜日にやるという習慣があったんだが、僕もよく呼ばれたんです。お客はまあ百人くらい来るんだが、それじゃ僕のところでもやろうというので、僕のところでは二百五十人くらい呼んで、四つの部屋をひろげて、オーケストラも三つ雇い、酒は飲み放題、もちろん立食ですがね、そんな大パーティをやったら、新聞社の奴がびっくりしちゃったんだね。

——独立プロをお持ちになっていたことがありましたね。

早川　パラマウントとの契約がまだ六カ月残っていたときのことだったな。向うはあと三年でも四年でも契約をのばしてくれといって来ていて、作品も三、四本用意があったんだが、僕のシカゴ大学時代の友人で、三つか四つ年上なんだが、落第ばかりしていた金持の息子がいてね。そいつの家へよばれたことがあった。両親は石炭の山を持ってたんだが、その家で紹介されたドーマンという瀬戸もの王が、僕に金を出すから独立の会社をやれといいだしたんだよ。パラマントとの契約があと六カ月あるといったら、そのあいだに準備をすればいいと軽くいうんだな。会社といっても金がかかるしというと、じゃ今晩にもその金を渡しとこうといって百万ドルの小切手を切ってくれて、これをとりあえず銀行に入れておけというんだ。僕はそんな冗談は止せやいとばかり小切手をつきかえしたが、それが本気だったんだね。なぜかというと、ドーマンは僕の人相を見て、これは大丈夫だと思ったというんだ（笑）。

——あちらでも人相を見るということがあるんですか。

早川　そりゃそうですよ、人を見る目がなくちゃならんから（笑）。ドーマンは、これまで、これと見た目が狂ったことは一度もなかったというんだ。

——じゃ、人相見以上だわ（笑）。

早川　それで僕はグリフィスの持ってたステージを約三十万ドルで買って、それをぽつぽつ改築して、スタッフや従業員も集めてパラマウントがすむとすぐ撮影にはいる用意をしたんだ。そんなことで僕は四年間というもの、ほとんど寝る暇がないくらいだったね。百万ドルを返さなければならぬという責任があったからね。

——それで、その四年間の成績はいかがでしたか。

早川　百万ドルは二百万ドルにして返してやった。それから僕はあと百万ドルとっておいて、会社は他の会社と合併したんだ。

「戦場にかける橋」　©米 1957

早川映画は〝敵性映画〟

——その四年間、全部早川さんの主演映画をお撮りになったんですか？

早川　そうです。一年に六巻もの八本の製作をやりました。撮ったものはネガティブにして、それにコピーを一本つけて、すぐCOD（代金引替）にしてニューヨークのロバートソン・コールという配給会社に送るんです。十六万ドルかかったものならとりあえず二十万ドルくらいのCODにしてね。そうしてデストリビュートして、それ以上五十万ドルの利益があると、二十万ドルと配給会社の経費を差引いて純益を折半するという仕組みでした。だから、僕のほうは、はじめから損のないようにできていたんです。ただ作るだけの金は、一時こちらで立替えなければいかんけれどもね。

——一ヵ月少しで一本というお仕事はやはりかなりお忙しかったのでしょうね。

早川　はじめは寝る時間がないくらいだったね。六時に仕事をしまって家に帰ってそれからシナリオを直したり、整理をしたりしてね。だから食卓について、知らんうちに皿の上のビフテキの上に頬をつけて眠っていた（笑）なんてこともありましたね。しかし、馴れて少し暇ができると、肥ってきてね。これではいかんと、六時から七時までボクシングをやりました。スリー・ラウンドくらいして汗をかいて、シャワーをあび、アルコールでマッサージをするんです。そうすると、パッとなおっちゃう。

――ハリウッドには相当ながくいらっしゃったわけですが、そのあとヨーロッパへいらして、それから終戦になって日本へ帰っていらっしゃったんですね。

早川　ヨーロッパへ行って、またプロダクションをはじめたんですよ、ハリウッドで甘い汁をすったもんだから（笑）。ヨーロッパ映画に三本くらい出たあと独立プロを作ったんだが、それが一九三八年のころで、大戦がはじまっちゃったんだ。「マカオ」というのを一本撮ったんだが、僕の資本で、ニースで仕上げた。ところがある日、魚料理のうまい家へ四、五人で行ったところが、そのなかの一人が、トランプ占いのうまい婆さんがいるから行こうという。よし、僕も行こうといってついて行ったら、うすぎたない婆さんで、三種類くらいのカードを持って占うんだな。それが僕を占って、あんたはいま非常に大きな資本でなにかやってるが、これはここ五、六年だめだというんです。変なことを言うなと思ってたら案の定、映画のできたのは三八年で、三九年に宣戦布告。映画はお蔵になっちゃって、そのうちフランスへドイツ軍がはいって来た。そのドイツ軍が、僕の作った映画を敵性映画だといって没収してしまった。

――なぜでしょう。ドイツ軍がですか？

早川　つまり僕がニューヨークから金を持ってきて作ったので、敵性の資本でできているというんです。トランプ婆さんのいったことがここでも当ってしまったんだね（笑）。

面会時間を潮の満干できめる

――ところで、このごろずいぶん俳優の国際交流が盛んになって、最近ではまた三船敏郎さんがメキシコ映画に主演するといった話がありますが、日本人が外国映画に出る場合、どうすれば有利な契約が出来るかということが早川さんなんかには、よくお判りになってると思うんですが……

早川　それはね、契約なんぞは、例えば東宝が話すと、やはり日本の金を基本として考えるんじゃないかと思うんだ。何百万と――ね。大スターでも、そういうふうに考えている。ドルというものを中心にして考えない。これは損ですね。僕はいつもドルで考えている。だから大川平八郎なんかこぼしてましたよ。

――ドル生活になれないと、目やすがつかないということがあるんじゃないでしょうか。

早川　あるでしょうね。日本ではいったいどのくらい払うのかというソロバンをはじいて、それではということでやる。

――それから早川さんがなさったように、いろいろと自分の希望する条件を最初に出すといったこともあるのではないでしょうか。

早川　それはね、そこがやっぱり運命論になってくるんですよ。運命というのは偶然ではなくて、生まれた月と日と、もっとくわしくいうと時間まで関係してくる。日本の旧暦というのは、月を対象に割りだされたものだけれど、農産物も海産物もそれによって左右されている。それから引潮、上潮なんてこともある。人間がものをかけ合うとき、たまたまこちらが陽にはいって、有利な時間にぶつかると、どんなことをいってもうまくゆくが、たまたま、こっちが陰になったときには、あまり勇気がなくてなんでも向うのいうなりになってしまう。だから、かけ合いごとのときには、暦を見て、引潮か満潮か調べてから行くことにするんです。

――人間の生れたり、死んだりすることが、潮の満干に関係があるということはよく聞きますが、そういうことを研究してから契約なんかもなさるんですか？

早川　明日の十時に会いたいと言ってくるね。すると暦を見て、その時間は引潮に当るから……(笑)、三時にしてくれ、三時ならあくから……(笑)。

――いつもそれでうまくいっておりますか？

早川　まあそうだね。十時ならこちらが弱いが、三時ならこっちが強くなるからね。

――それは気持だけで、いつもお強いんじゃないんですか。

早川　いや、やっぱりあるね(笑)。つまらないことで引っ込み思案になる場合がありますよ(笑)。

●●監督・俳優の両立ならず

――これまでは、ほとんど外国映画で活躍していらしたのですが、これからもやはり日本よりも、外国の映画に出演なさるおつもりですか？

早川　やはり、そうなるかもしれないね。

――やはりドルと円の関係で？

早川　ドルでスポイルされたのね。

――外国から、共同で映画を製作しないかといった申込みはありませんか？

早川　それはしょっちゅうありますよ。いまだって二、三話はあるんです。しかしもう経済的な面にタッチするのはいやだね。ただ体だけでやるのならいいけれど、金を出してまではやろうとは思わんね。損しても得しても、そんなことには関係したくないね。事業欲は、もうないね。

――監督といったこともですか？

早川　監督はやってもいいけれど、やるなら俳優をよさなければ両立しませんよ。精力というものはそう続くものではないからね。僕は四年間それをやっていたんだけれど、人の演技を指導して、自分がやるだんになるとヘトヘトに疲れて、結局ごまかしてやることになってしまうからね。

――最近はハリウッドでも日本でもスターの粒が小さくなったような気がするんですけれども……

早川　ハリウッドでは、いい連中はみんな外国へ行っちゃうからね。所得税がたいへん高いので、働いたって馬鹿くさい。

――例えばウィリアム・ホールデンやオードリー・ヘップバーンその他のハリウッド・スター連がスイスへ移住するといったことなんですか？

早川　あるいはフランスやイタリアで働いても、その金はドルで貰わないで、中立国の金でもらうわけです。そうすると税の対象にならないんです。

――アメリカは八〇％も税金にとられるとかいいますけれど。

早川　八割五分とられるんです。

――そうすると早川さんなんかドルでおとりになって、どうなるのですか？　日本人の場合はよろしいのですか。

早川　日本人でも、アメリカでもらったら引かれるんです。僕は八〇％じゃないけれども。この八〇％というのはワン・ミリオン（百万ドル）に対してですよ。イギリスなんかは九一％程度です。多くとればとるほど……

――率が高くなるというわけですか。

早川　だから、イギリスなんか最低二割五分から九割一分まであるんです、相続税と同じように。

●• 所得税のなかった良き時代

――いま、ハリウッドの映画界が非常に低調だというのは、テレビに押されていることが大きな原因でしょうか？

早川　テレビももちろんそうだけれど、所得税におされて、つい俳優がいなくなっているんだ。

――いまのハリウッドには、昔のような生活のスケールを持った俳優はおりませんか？

「南海漂流」

早川　いまはみんな利口になって、チャッカリしていて、すぐ銀行のほうに金がまわるようになっているから。
――昔はどういう人が派手なスターらしいスターだったのですか？
早川　ウィリアム・エス・ハート、ピックフォード、ウォーリス・リード、ハロルド・ロイド、それにカーボーイ役者のウィル・ロジャース、あれなんか、山を一つ買って、そこへポログラウンドやスイミング場を作ったりしていたね。いまはみんな税金にとられてしまって、そんなことはなかなか出来ないね。
――ハリウッドの良い時代にいらしたわけですね。
早川　あのころは所得税というものはなかったからね（笑）。税金のがれのため、外国へ逃げだしたり、いちおう会社組織みたいなものを作ってみたりしているが、それもだんだん出来なくなってきている。税務署も利口になってきて、外国で稼いだものも、二十万ドルだけは認める、それ以上儲けると、税金をとるという法律に変ってきたんだね（笑）。
――アメリカのスターは離婚をすると離婚手当で貧乏するといいますけれど。
早川　男のほうはね。女は貧乏するどころか、儲かるよ（笑）。あすこは、女が得だね。あらゆる法律で保護されている。
――その点、日本の女は損ですね。
早川　フランスの女は更にかわいそうだよ、結婚すると、奥さんの財産が亭主の名義になってしまうし、奥さんが貯金の口座を開くときには、亭主の承認が必要なんだから――
――ずいぶんひどいものですね。
早川　だからフランスの女は金があればみんな宝石類に変えてしまうんだよ。

●●感情の無色化が第一の健康法

――ところで、いまでもずいぶん健康そうでいらっしゃいますが、現在はどんな健康法をしていらっしゃいますか。
早川　居合抜きとゴルフ、それから朝起きて体操、冷水摩擦。そんなもんですね。
――食事は？
早川　食べたいものを食べ、飲みたいものを飲む。食べたくないものは食べず、飲みたくないときは飲まないという主義です。体が自然に要求するものをとるというわけです。いくらたべても、吸収する人としない人がいますよ。たとえば、肝臓が悪いとアミノ酸が血液にたりないから、いくら食べても素通りしてゆく。それを調節するのはなんであるかというと、それは精神的なものなんですよ。やっぱり〝ヨガ〟から来ているのだが、それを科学的に実験していますよ。いちばんいけないのが怒ることね。

――怒ると肝臓にいけないのですか？

早川　怒ると食欲がなくなるでしょう？　それからそねむ、憎む、悲しむ、落胆する、心配する、泣く、こうした感情は全部心臓にもよくないし、胃腸、肝臓障害を起す。つまり、昔から怒ったりしたとき、毒気をはくというね。大蛇のはく息は人を抹殺する。人間がこんちきしょうと思っているときの息を試験管に入れて零下二〇〇度以下にした、すると、下のほうに黄色い粉みたいなものが出来る。これが毒気の毒素なんだね。これをネズミに与えると目をまわす。それから人を恨み、幽霊になって化けて出たいというような気持のときに吐く息、これは茶褐色になる。それを元気に遊んでいる犬にのませると涙を流すんだ。だから、どこかの家へ行って、そこのおやじが怒ってばかりいるような家へはいると、なんとなく空気ですぐわかるよ。

――そうすると、そういう感情を極力さけるということが、第一の健康法ですか。

早川　つまり色でいうと無色というのは平和ということなんだ。つまり聖徳太子の作った憲法の第一条〝和をもって尊しとする〟だね。

（61年4月上旬号）

※1　「戦場にかける橋」
米・57　監督：デヴィッド・リーン　出演：アレック・ギネス、早川雪洲、ウィリアム・ホールデン　第二次世界大戦下、ビルマ国境に近いジャングルの日本軍捕虜収容所。所長はタイ＝ビルマをつなぐ鉄道建設に捕虜のイギリス兵を動員したことから対立が生まれる。

※2　「タイフーン」
米・14　監督：レジナルド・バーカー　出演：早川雪洲、グラディス・ブロックウェル　スパイ活動に従事する日本人の活躍を描く。

大正時代からハリウッドで活躍

小藤田千栄子

デヴィッド・リーン監督の名作「戦場にかける橋」の、日本軍捕虜収容所の所長である。英軍の大佐＝アレック・ギネスと、対等に渡りあっていたのが思い出される。おそらく、ほとんどの映画ファンも、「戦場にかける橋」で、早川雪洲のことを知っているのだろう。

だがこのインタビューでは、子供時代のことに始まり、ハリウッドでの暮らしを、詳しく話している。初めて知る人が多いと思う。最初は「タイフーン」という芝居の映画化で、トーマス・インスからの申し入れだった。早川雪洲は、かなり贅沢な注文を出したらしいのだが、トーマス・インスは、すべて受け入れ、当時にしては珍しく、撮影所には自動車で送り迎えをしてもらったという。

ハリウッドで、独立プロを作った話も面白い。会社の作り方も豪快だが、1年に8本もの作品を製作したのもすごい。あの時代に、このようなことが出来たのだという驚き。その後は、ヨーロッパでも仕事をしたが、ギャラの話もまた面白い。

「フランスやイタリアで働いても、その金はドルでは貰わないで、中立国の金でもらうわけです。そうすると税の対象にならないんです」。こんなことがあったのかという驚き。

早川雪洲は、外国での仕事が多く、そして長かったので、その詳細は、日本では知られていることが少ないが、それらを、実に率直に語っているのが、このインタビューの、驚くばかりに面白いところである。

山本富士子

スクリーンに映る俳優という、自分とは別のもう一つの自分を演じたい

やまもと・ふじこ（１９３１年12月11日〜）

大阪市生まれ。京都府立第一高等女学校を卒業。50年、ミス日本に選出、大映にスカウトされて入社。53年「花の講道館」でデビューする。何作か出演するが女優としては目が出ず、55年「湯島の白梅」で演技開眼したといわれ、次いで「夜の河」56、あるいは同年の「日本橋」で、男に従属しない凜とした気品のある女性像を演じてトップスターに躍り出た。以降も「夜の蝶」57、「氷壁」「彼岸花」58、「暗夜行路」59、「濹東綺譚」「女経」60、「私は二歳」62などに主演、大映のみならず日本を代表するスターとして君臨するようになった。しかし63年、「憂愁平野」以後、他社出演を希望する山本と、〝五社協定〟をタテにそれを拒否する会社側と対立、彼女はフリー宣言をする。当然、五社は彼女を映画界から締め出し、以降、演劇を中心に女優活動するのである。映画界は自らの手で、この類まれな素質を持つ大女優を排除したのであった。

やはり日本一の美人というべきなのだろう。健康的といっては、賛辞とうけとられないおそれがあるけれど、彼女の場合には、顔だちの美しさばかりではなく、超多忙な生活にもかかわらず、肌の色といい、そのなめらかさといい、まったく麗朧玉のごとしといったものがある。その人柄にも、まったく翳のない明るさとくったくのなさ、スクリーンのとりすました彼女にない一面で、「女経」のユーモラスな女人像を好演できた理由もうなずくことができる。女優らしからぬ名女優とでもいうのだろうか――。

●テンポの早いほうがやり易い

――キネマ旬報の主演賞におきまりになって、おめでとうございます。

山本　皆さまのおかげで……。

――賞の対象になったのが「濹東綺譚」[※1]かと思いましたら「女経」だったそうですね。私も、あの山本さんは、これまでからみて一つの殻を破られた感じでしたが、ご自分でもそれはお感じになったでしょう?

山本　とにかく「女経」[※2]も「濹東綺譚」も、いままではやらなかった役柄だったといえると思うのです。「女経」はオムニバス映画の中の一つで大変短かかったのですが……。

――あの女主人公の人柄が途中でガラリと豹変するのが面白かったですが、あれむずかしかったですか?

山本　計算というんですかね、どのへんで話が割れていったらいいのか、どのへんのところで観客が気づくのかというような計算がね、ちょっとむずかしく思いました。

――あの気どったようなところ、とても面白かったですね。市川崑さんのお仕事は?……

山本　だいぶ前に「日本橋」[※3]があって、これで二本目です。

――ああ、そうでしたね。でも「日本橋」よりは、こちらの、こういった感覚のものがどちらかというと市川さんの本領ですから。

山本　その感覚的というんですか、なんか不思議な雰囲気を持つ女性というか、モヤモヤとしたもののたちこめてる感じというのが、すごくむずかしいと思いました。

――大映では、だいたいあなたをきれいに見せるというだけの写真をどんどんお撮りにならなきゃいけないんでしょう、またそれはそれでいいと思うんですけれどね。

だけれど、ああいうふうに、あなたを変って使うという作品もこれから撮っていただきたいですね。

山本　そうですね。あの「濹東綺譚」にしても、会社ではまだ何年か考えられなかった企画だとおっしゃるんですよ。

――なんか、投書があったんですって？

山本　豊田（四郎）先生のところへ手紙がきたとかいって、先生、だいぶ気にしていらしたようですけれど。

――あなたのところへも、娼婦の役なんかしてはいけないとか、なんとか、ファンからいってきたのじゃないんですか？

山本　いえ、私の周囲の方では、ああいうふうな役で出て見てよかったと言って下さってますけれど……

――ファンも？

山本　ええ、後援会の方たちですけれど。

――そういえば、私もこの二つの作品を見て、あなたのなかには、ああいう、女をむき出しにしてパッパッとやれる面があるんじゃないかと思いましたよ。ふだんのあなたを見ると、いつも非常にきれいごとで、すましていらっしゃるようですけれど（笑）。

山本　きれいごとですましているつもりはないんですけれど（笑）。私のふだんの生活は割合に明るいというのかしら？　ですから演技といっても、パンパンとテンポが早くて、シャキシャキした女のひとがやり易いんです。ですから、私はなんか、スクリーンにうつる俳優という別の自分、自分とは別のもう一つの自分がいつもあるみたいな、そういった気持があるんですよ。どっちかといえば、スクリーンとちがって、私、あんまり悲劇的じゃないんですけれどね（笑）。

――役では悲劇的なのが多くていらっしゃるから……。

山本　だから少しはコミックなものをやりたいなと……。

――という気持がおありになるの？

山本　これまでも小津（安二郎）先生の「彼岸花」[※4]みたいなものは、それに通じるユーモラスなものがありましたし、「女経」でも、まあ、ある意味でそれがあったんですけれど……。

――「女経」では、たしかにあなたにそうした面のあることがわかりましたけれど、例えばこれからやるとしたら……。

山本　日本映画ではなかなかやれないことかもしれませんけれど、私、「無分別」のバーグマンのような、ああいうものとか、マリリン・モンロウの「百万長者と結婚する方法」、ああいうのをやりたいんです。

——それは面白いですね。でも、日本ではあんな洒落たコメディが一般の映画観客に受けいれられるかどうか……。

山本　向うのは、台詞で笑わせて、それから、あとでフフフと笑いだし、そのときはケロッとしていても、あとでだんだんおかしくてたまらなくなって、ハハハ……と笑いだすようなの、いいですね（笑）。

●●一番むずかしい井上靖もの

——ところで、私、いつもそう感じるのですけれど、あなたが他社出演なさると、いつもいちだん精彩を放つ感じがするのはどういうわけですか（笑）。

山本　まあ、そんなこと……（笑）。

——マンネリズムというのですか、大映なんかでは、どうしてあなたを、ああいう風に、例えば「暗夜行路」とか「濹東綺譚」とかいうふうに使わないのでしょう？

山本　やっぱり会社だと、一応興行の安全性を考えますから、その俳優自体をどうのこうのというより、企業として考えてしまうのでしょうね。それがやっぱり他社になると、私、去年はじめて二本他社に出させてもらいましたけれど、それまでは一本だったんです。で、一度のチャンスというか、一本だというので、いろいろな条件がそろってくるというのじゃないでしょうか。

——あなたのほうでも、ちがった監督さんや、ちがった人たちのなかでお働きになるから、いくらか気持もちがうのでしょうね。それから、その会社でも、苦労して借りてきた人だからというので、気の入れ方もちがうでしょうし……。

山本　他社に出て、このチャンスに自分でも勉強して、それを持って帰らなければと欲ばって……（笑）。でも気持としては、大映で娯楽作品を撮っているときと、気がまえは変らないと思うのですよ。けれど、けっきょくなんていうのかしら、役柄がいままでやらなかったものだということがあると……。

——やはり、それだけ気がはいるということにもなりますね。

山本　「暗夜行路」のときに豊田先生にお会いしましたら、先生、テストの写真を何枚もお撮りになって、その写真を見て、〝ずいぶん明るい顔をしていますね〟とおっしゃったんです。あたし、ハッと思っちゃったんです。別な写真を見て、また〝女優さんにない明るい顔ですね〟とおっしゃるんです。なんか別の見方をしていただいたという、そういう、自分のなかにある別の一部を発見していただいたという喜びを感じました。小津先生

「濹東綺譚」
©東宝 1960

のときもそうだったのですよ。いつも見なれている人はいつも見なれているものだから、どうしても角度を変えようということができにくいものですから、別の見方をして下すって、そこから別の役柄を見つけて下さるということがあるんじゃないかしら？

――今年も、やっぱり他社のものに出るご予定？

山本　出してもらいたいですね。

――でも、契約にそれは、はいっているんじゃないんですか？

山本　まだ契約はしていませんのよ。この一月の末で切れるんですが、まだ次の段階にははいっていないんです。

――ああ一年ごとになさるわけですか。でも大体含みがあるんじゃないんですか？　一年といっても、二年ないし三年はそのつもりといった……。大映ではあなたは永久に大映のものと思っているのじゃないかしら？

山本　さあ、どうでしょうか？　私はいちおう一年ごとという考えで、まあ、それは人情とか含みは別として、そう思っていますけれど。

――ではこれからのことは、契約如何によるわけですね。これまででは、豊田四郎監督、小津安二郎監督、五所平之助監督と、まあ、外ではこの三人の作品にお出になったわけですね。そのうち一番最近のが「猟銃」[※5]。これはどうでしたか？

山本　一番むずかしいと思ったお仕事でした。こんなに苦しんだことって、まあ、なかったくらいです。

――なんのためにあの彩子が自分の親友の旦那さんに近づいていかなきゃならないのかという心理が、台詞ではちょっと説明されてはいても、むずかしいところですね。なにしろ井上靖さんのお書きになる女の人の心理は複雑で、不可解なのが多いですからね。

山本　女の心理は不可解だということがわかればいいんですって（笑）。だから、矛盾にみちた女性というものが、少し出てくればいいんですよね。でも映画というものはある程度見ている人たちに納得がいって、ある程度納得づくで引きずらなければならないし、といって説明的になってもいけないというので、非情にあいまいな表情をしなければならないんですね（笑）。

――みどりは憎む役だけれど、彩子は憎まれる役、この憎まれる役というのはむずかしいですね。

山本　私はそもそも「猟銃」をやりたいと思ったときは、みどりの役を思っていたんですよ。ですからずっと前に産経新聞に私のやりたい役というのには、「猟銃」のみどりっていったことがあったんですが、いざやるこ

「猟銃」

とになってみると、どうしてもみどりではなくて彩子だといわれて、やったんですけれど。いつでも撮影にはいって何日かすると、へんな落着きというか、そんなものができるんですが、これはぜんぜん悩みつづけ、お終いまで。せめてその私の悩んでるところが出てくれればいいと思っちゃった（笑）。

——井上靖さんの「氷壁」[※6]は増村（保造）さんでお撮りになったんでしたね。

山本　「氷壁」も一種不可解なね……（笑）。

——あの、あなたはよかったと思いますよ。

山本　それがやっぱり非常にわかりにくくって。そのわかりにくいというのが、井上さんの描かれる女性の魅力なんでしょうけれど（笑）。

●●役柄はこだわらず何でも

——ところで、あなた自身持っていらっしゃる、これからの仕事のプランというのはなにかあるんですか？

山本　もうちょっとすぎてからお話することにしますわ（笑）。大映から来ているお話では、市川先生の「黒い十人の女」、それと例年おきまりの明治ものが一本。泉鏡花さんの「三枚つづき」というのを「乱れ髪」という題にして、それが吉村（公三郎）先生の企画で出てい

るらしいんです。

――明治ものといえば、あなたときまったようなものだけれど、興行的にはどうなんでしょうね。

山本　それが割合いいらしいんです。明治ものといっても、いわゆる泉鏡花ものですけれども。

――市川さんのは、どんなものなのでしょう？

山本　テレビに働いていていながら、そのなかでもみくちゃにされるというお話だそうです。

――市川さんの、そういうのだったら面白くなりそうじゃないですか。ところで、女優さんが、少し演技的に意欲が出てくると、いろいろな役柄をやりたくなるというのは結構ですが、そのためとくに変った役をやろうとして、変にあなたの顔を醜くかえるといったような役、それはあなたにはやっていただきたくないような気がしますね。

山本　うれしいわ（笑）。私自身は汚れ役でもなんでも、見た目の汚れではなくその人物がおもしろく描けているというのなら、別にこだわらないつもりですけれど、ただ単に汚すことによって、なんか自分を脱皮しようとか、別の目で見てもらおうとかいうことはさらさら……。

●・女はやっぱり結婚が幸せ

――ところで、またしてもといわれそうですが、最近の有馬稲子さんの結婚[※7]について、あなたはどんなふうにお感じになりました？

山本　そうですね、私はよかったと思いますわ。でも、ちょっと意外だったんです、相手が錦之助さんということが……（笑）。そのあとで、そういえば、なるほど、なるほど――と思っちゃったけれど……（笑）。それがね、ちょうど京都で「猟銃」の撮影にはいって、乙羽（信子）さんがご一緒の場面だったの。朝大きな声で、乙羽さんがちょっとたいへんよ、たいへんよってかけていらして、〝知ってる？　錦之助さんと有馬さんとが結婚するのよ〟っておっしゃるの。へえッ……（笑）。それから五所先生がひとくさり、「わが愛」のときの話からはじまって、そういえば、そうだったとか、ああだったとか、思い当るふしのお話があって、一時間くらい撮影が遅れちゃったの（笑）。それでも、私はほんとかしらと思っていたんですけれど、そのときも、ほんとなら早く発表なされればいいのになと思いました。すごくいい奥さんになられるんじゃないですか。いろいろお話していても、そんな感じがしますわ。

――私もそんな気がしますね。だから錦之助さんも、そんなところに目があったというのかしら……。

山本　意外だと思ったのは、錦之助さんのスクリーンのイメージと有馬さんとを考えてびっくりしたんですね（笑）。やっぱり俳優というのはスクリーンのイメージというものからうける感じが強いんですね。スクリーン外の錦之助さんと有馬さんはきっとピッタリしていらっしゃるんだと思うわ。

――たいていの女優さんに、結婚はどうしますかと訊ねると、いい方さえあればとおっしゃるんですが、あなたもやはりそうですか？（笑）

山本　それは、私、結婚すべきだといっちゃなんですけれど、女として、やっぱりほんとにいい結婚ができれば、それが一番幸せなんじゃないかと思いますわ。いまのところ、それくらいしかいえませんね。[※8]

――やはり恋愛結婚をするのがいいとお思いになる？

山本　ええ、私はやっぱり恋愛して、自分が好きな人と結婚すべきだと思いますね。必ずしもお見合い結婚絶対反対とはいえないけれど、でも自分が選んで、結末がもし不幸であっても、なんでもいいと思います。

●●できれば〝女優〟との両立を

――山本さんは、お生まれは大阪でしたね。

山本　ええ、両親とも大阪です。京都は終戦後行って、

「濹東綺譚」

京都の女学校を出たもんですから、京都生まれのように思われてますけれど。

——私は京都ですが、大阪の女性は、京都の女にくらべると、ずっと情熱的で行動的でしょう。だから、あなたも、猛烈な恋愛を（笑）なさるかもしれませんね。そんな意味で、山田五十鈴さんなんかも、立派だと思いますね。

山本　でも、ああいう方って、やっぱり気性というか、珍しいんじゃないでしょうか。恋愛をして、それをどんどんお仕事にプラスして吸収していらっしゃるということは、とても普通では、なかなかやれないですわ。私なんかやっぱり非常にささやかな小さな女性になって恋愛しちゃうわ。全部仕事にもちこんでというわけにはいかないわ。だから、なんかお仕事をしていて、けっきょく身近が非常に幸せになった場合に、はたして仕事の面にどうなのかと考えちゃうの。女の周囲が、ささやかながら、いろいろな意味で満ちたりた場合、仕事に対する意欲とか、厳しさというものが、どうなるのかと思います。そういう点で、両立ということは、すごくむずかしいんじゃないかと考えちゃうの。やっぱり二つのものに同じウェイトをかけていけるということは、よっぽどのスーパー・ウーマンでない限りできない、一つのものを考え

「彼岸花」　©松竹 1958

ているると、もう一方がおろそかになりはしないかという不安といったものがあるでしょう？

——そうすると、もし結婚なさる場合には引退ですか？

山本　そのことで、こないだも岡田茉莉子さんとお話したんですけれど、はじめのうちは、絶対にやめると、二人とも思っていたわけですよ。でも、このごろは少し考えが変ってきて、やっぱり続けられたら、いいお仕事だけやってゆくということが理想だと意見が一致しちゃったの。でも、それをやるとすれば、絶えず心がけていなければ、年に何本かのいい仕事というのは、とてもむずかしいですよね。

——いちばん理想的にやっていらっしゃるようなのが、高峰秀子さんの場合ですけれどね。デコちゃんのご主人の松山善三さんはシナリオ作家で、最近は演出もしていらっしゃるし、そこへデコちゃんはあれだけの実力の持主だし、そういう条件がそろって、ああして両立させていらっしゃるわけですね。

山本　ですから、よほどの相手の理解と協力がなければ絶対にだめということになりますね。

——有馬さんも最近は年間一、二本は出たいなんていっていらしたようだけれど、どうやら、引退を決心していらっしゃるということですね。

山本　年に一、二本というのが理想でしょうね。でも一、二本となると出ていないときがたいへんなんですよね。それがむずかしいんです。年に一、二本といっても常にその雰囲気を作っておかなければなりませんでしょう？

●● 女優になったのが不思議……

——次から次へとひっぱられて、こき使われて——といっちゃ失礼だけれど、一本すむかすまぬうちに、待ってましたとばかり次の仕事がくるというのも、考えようによっては、仕事の上でいい訓練になるということでしょうか。

山本　でも、それにしてもちょっと本数が多すぎるんです。

——何本くらい？

山本　十二、三本。

——一年に？　へえ……

山本　みんながびっくりなさるの（笑）。今年は十二本だったんです。そうやっていると心身ともスリキレていに……今年のいちばんの理想は、本数はせいぜい八本くらいにしていただいて、じっくり余裕をもって仕事をというう希望なんですけれど。それと、なんていうのかしら、ただいいものばかりというわけにはいかないことや、会社の状態もわかっていると、つい、納得いかないことも、会社のために無理をして妥協するということがあるんです。

――〝すがをグループ〟[※9]では、そういうことを代行してくれるのでしょう?

山本 そうでもないんです。どうしても最後は自分のところへ来ちゃいますから。ですから、みんなにしたら、私が作品の選択ができると思っていらっしゃるんですけれど……。

――予定されたものを、どんどん撮っていらっしゃるばかり?

山本 ええ、そして、絶対といっていいほどに、それをケルことができないんです。それがすごくつらいですね。

――けっきょくおがみ倒される結果になるということですね。話を逆もどりさせますが、両立させる、させないよりも、いまのところ結婚は考えられませんか?

山本 まあね。

――大映の「婚期」[※10]という映画では、女の婚期というものは、あってなきが如きで、好きな人ができたときが婚期だということだそうですが(笑)。

山本 その点で、いまの女性というのは幸せで、昔だったら、いくつになったらもういかなきゃいけないとか、オールド・ミスとかいったものでしたけれど。それに私の場合は、仕事も特殊ですし、普通の人みたいにさし迫ったあれではありませんけれど、でも、もうしてもいい年ごろだとは思っています、自分でも(笑)。やっぱり一種の婚期なんだけれど(笑)。

――映画女優は自分の天命だとお思いになるということはありませんか?

山本 自分がこんなふうに女優になったというのはとても不思議ですし、自分のなかにそういうふうになるものがあったのかなと思うときがありますけれど……。

――ミス日本に選ばれたとき、すぐお話があったんでしょう?

山本 ええ。

――それで、大映へはいられたのは二年以上もたってからですが、そのあいだ考えていらしたの?

山本 ええ、ずいぶん長いこと考えてました(笑)。そのあいだ自分ではもう絶対にならないつもりだったんです。私は小さいときから別になんになろうという気がなくて、ただ平凡に女の子らしく結婚をして、それでいいんだと思っていたんです。ずっとそのつもりでいたんです。いまだってそういう考えは変わっていないいんですけれど。

——それが、いまこうしていらっしゃるというのも一つの天命というのかも知れませんね。

山本　いよいよはいるときまったときに回りのものが猛烈に反対したんです。姉が医者なんですけれど、働いていて、自分が好きになれる職業を持っていたらすごく幸せだといってくれて、その言葉に動かされたんですが、そのとき姉は〝富士ちゃんみたいな人が映画界にはいったって、一年もたたないうちに泣いて帰ってくる〟といわれ、それがグッときちゃったんです。絶対にそんなことになるもんかと思って、その意気ごみで……。

——その意気ごみで、できるだけ長く映画の仕事をね、とにかく結婚なさらなければならぬとしても……

山本　やれるでしょうか。とても自信がないですね（笑）。でもやはり一つの仕事をえらんで一生の仕事にするという気持は尊いと思うんですよ。ですから古い方をとても尊敬します。結婚で、自分のえらんだ道から逃げるのは、好きではないいんですけれど、ただ、自分のなかに、はたしてそんなにまでやれるものがあるかどうか疑問だわ。

●●好きなタイプはホールデン

——それは、どんなにこの道一筋の方でも、お仕事のことを真面目に考えれば考えるほど、そうした疑問に苦しめられるものじゃないいんですか？　外国の女優さんの場合、結婚と仕事の両立を割合うまくやっている人が多いんですけれど、やはり仕事であまり長く離れていたために離婚したという例もありますね。でも、日本でも、女優さんの結婚も離婚もだんだんフランクに明朗に行われるようになるんじゃないでしょうか。離婚もなかなか明朗というわけにはいかないかも知れないけれど（笑）。ところであなたは、どんなタイプの男性がお好きですか？

山本　だいぶ前に、吉田首相のような方が好きだっていったら、どこかの大学教授から、なんであんなワンマンが好きなのかという詰問のお手紙をもらいました（笑）。ですからうっかりいえませんね。でもいろいろな意味で、バランスのとれた人が好きなんです。

——ではね、外国の俳優でいえば、例えば誰ですの？　そこから推理しますから（笑）。

山本　ウィリアム・ホールデン。

——ははあ（笑）。

山本　亡くなったクラーク・ゲーブルも好きでした。
――ウィリアム・ホールデンですね。なるほどね。たしかにバランスのとれた男性の見本ですよ（笑）。ところで外国へは、アメリカへいらしただけ？
山本　それから東南アジアへ。香港・シンガポールです。
――ヨーロッパへは？
山本　とても行きたいですけれど、映画祭などで行くのなら、行きたくないんです。自費で、自分の思うままの世界旅行がしてみたいですね。
――でもあなたほどに忙しくなると、一応会社の代表として映画祭へでも出席して、そのあと一ヵ月くらい休暇をもらうというふうにでもしなければ、行きにくいのではないんですか？
山本　そうですね、このあいだ「旅情」のハワイ・ロケで、ママをいっぺん外国へと思って一緒につれてゆき、そのあと一週間くらいお休みをいただいて、ラス・ヴェガスとロス・アンジェルスとサンフランシスコをまわりましたが、とても楽しかったですわ。ママがとても喜んでくれて、親孝行ができたと思っていますの。
――そういうお仕事のチャンスをおつかみになることよ。いらっしゃるのなら、いま、若いうちにいらっしゃることだと思いますね。
山本　そうですね、それはもう絶対だと思います。そういう意味でも、この歳月が惜しいなあと思うことがありますわ。やっぱり婚期かしら？（笑）
――ということもありますわね。ではこの辺で、どうもありがとうございました。

（61年2月下旬号）

※1　「濹東綺譚」
東京映画＝東宝・60　監督：豊田四郎　出演：山本富士子、芥川比呂志、新珠三千代　永井荷風の名作の映画化。戦前の私娼窟・玉の井の娼婦と中年の男の恋愛を描いたメロドラマ。

※2　「女経」
大映・60　監督：①増村保造・②市川崑・③吉村公三郎　出演：①若尾文子、川口浩、②山本富士子、船越英二、③京マチ子、中村鴈治郎　村松梢風の同名小説を映画化した三話からなるオムニバス作品。第2話はノイローゼ気味の小説家と美人住宅ブローカーの恋の駆け引きを描いた喜劇。

※3　「日本橋」
大映・56　監督：市川崑　出演：山本富士子、淡島千景、柳永二郎　泉鏡花の原作を映画化。日本橋大工町の二人の芸者を主人公に互いの意地の張り合いが男たちを

巻き込んでいく愛憎劇。

※4 「彼岸花」

松竹・58 監督：小津安二郎 出演：佐分利信、田中絹代、山本富士子 娘が自分への相談なしで結婚相手を決めたことから不機嫌になる父親。一方で友人の娘の恋愛には応援するという矛盾をかかえる夫に妻は苦労する。

※5 「猟銃」

松竹・61 監督：五所平之助 出演：佐分利信、山本富士子、鰐淵晴子、岡田茉莉子 離婚した女（山本）は従妹みどりの夫の愛人となる。女は元夫が再縁を申し込むが拒絶。しかし元夫がほかの女と再婚すると自殺する。みどりは夫と別れる。

※6 「氷壁」

大映・58 監督：増村保造 出演：山本富士子、菅原謙二、川崎敬三 井上靖原作。穂高の氷壁で遭難死した男を巡って展開する男と女の愛憎劇。

※7 有馬稲子の結婚

内田吐夢監督「浪花の恋の物語」（59）で共演した東映のトップスター中村錦之助（のち萬屋錦之介）と恋仲になり、翌60年12月26日に婚約を発表、61年11月27日、銀座東急ホテルで挙式した。

※8 山本富士子の結婚

当時、歌手としても活動していた山本富士子は師匠の古賀政男の養子分となっていた作曲家・古屋丈晴と知り合い、61年12月に交際を発表。62年4月25日に赤坂ホテル・ニュージャパンで結婚式を挙げた。新郎は山本姓を名乗ることになる。

※9 すがをグループ（集団）

五社協定に縛られずに自由に映画を製作しようという、大木実を中心とした俳優のグループで、山本富士子、高千穂ひづるなどが所属。「女だけの街」「淑女夜河を渡る」（共に57・内川清一郎監督）などを製作。

※10 「婚期」

大映・61 監督：吉村公三郎 出演：船越英二、京マチ子、若尾文子 家庭不和の金持ち夫婦の家にある日、怪文書が舞い込んできて大騒動となるコメディ。

「女経」

「女経」でキネマ旬報・主演賞の頃

小藤田千栄子

インタビューの時期は、「女経」（1960年／大映東京作品）で、キネマ旬報の主演女優賞を受けたばかりのころ。「女経」は、村松梢風の同名原作をヒントに、増村保造、市川崑、吉村公三郎が監督したオムニバス。山本富士子は、市川崑監督の第2話『物を高く売りつける女』に主演している。ほぼ同時期に、豊田四郎監督の「濹東綺譚」があり、これも評判だった。

この時代の山本富士子は、「歌行燈」「猟銃」「黒い十人の女」など、当時の言葉でいう文藝ものに、多く出演している。大映の看板女優のひとりだった。同時にこの時代は、各社の俳優たちの、他社出演ということが、大きな話題になっていた時代でもあった。

山本富士子も、このインタビューで、いくつもの出演作の、そのいきさつなどについて語っている。この時点では、言えないことも多かったと思うが、かなりはっきりとした発言の方であることが分かる。

結婚についても、いきなりの突っ込みに、読むほうもビックリ。ちょうど有馬稲子が結婚したばかりの頃のようで、「あなたは、どんなふうにお感じになりました？」と。その答えもまた、はっきりしたものだった。「良かったと思いますわ。でも、ちょっと意外だったんです、相手が錦之助さんということが」。山本富士子自身の結婚についても、かなり突っ込んでいる。やっぱりキネマ旬報だから聞くことが出来たのかなあ、とも思ったのだった。

岸恵子

つまらない外国映画に出るより、日本でいい映画に出たい

きし・けいこ（1932年8月11日〜）
神奈川県横浜市生まれ。横浜第一高等女学校を卒業。女学校の同級生・田中敦子の叔父が松竹大船撮影所の所長の知り合いだったことから撮影所に見学に行きスカウトされる。51年、「我が家は楽し」で本格的にデビュー。彼女を一躍トップスターにしたのは「君の名は〈3部作〉」53—54で、彼女が演じた真知子は国民的ヒロインとなる。次いで「壁あつき部屋」53（公開は56年）、「桜の園」54に出演、同年久我美子、有馬稲子とともに〈文芸プロダクション・にんじんくらぶ〉を結成する。「ここに泉あり」「亡命記」55、フランス映画「忘れえぬ慕情」56、そして「雪国」57に主演。同年、「忘れえぬ慕情」の監督イヴ・シァンピと結婚、パリに居住するようになる。以降、毎年のように帰国しては映画出演を続ける。主な作品は「おとうと」60、「からみ合い」62、「怪談」64、「約束」72、「ザ・ヤクザ」74、「悪魔の子守唄」77、「細雪」83など多数。

フランスから帰ってくるたびに、このひとの人間性はぐんぐんのびている。このひとに元来そういう素地があるから、向うの滋養がそのように吸収され、見事な花を咲かせるのである。

●● 帰国ごとに激しい車の混雑

――いらっしゃるたびに日本[※1]、変ってますか。クランク・インまでちょっと間があったといってらしたけれど、そのあいだにどこかへいらした？

岸 それがひどいのよ。十七日も早く呼ばれて来ちゃったの。スイスのマジョレ湖へ、新婚旅行後はじめて主人と二人きりでいってたら、途中でよびかえされたのよ。旅行はよくするけれど、いつも仲間がいっしょでしょう、向うで落ち合ったりして、すぐ二、三十人になっちゃうの。それがこんどは二人だけだったのに（笑）。よっぽどいそぐのかとんできてみたら、十七日間も待たされたの。

――ほんとに申し訳ないみたいだわ。

岸 着いてすぐ撮影[※2]でしょう、いつも。だから若槻（繁）さんが少し体を休ませてからと考えて下すったらしいの。でもあの暑さであんまり休みにもならなかった。どこにも行かないで、ほとんど家にじっとしてたんだけれど、帰ってくるごとに、車の混み方は、ますますひどくなりますね。東京へ出るたびにあたしそう思うんだけれど、よくもああ混むなかで、気長に自家用車に乗って行く人がいると思って……。

――気長に……辛抱強くね（笑）。

岸 あたし、こういう職業なもんで、ハタ迷惑になるんで仕方なく自動車に乗ってゆくけれど、まあ汽車の三倍はかかるでしょう。あたしはほんとに電車で行きたいわできることなら。横浜駅から新橋まで二十五分でいくんですもの。車でいくと、ほとんど一時間半。そのあいだたびたびぶっつけられそうになってね。

――乗ってるほうも相当に神経使いますからね。

岸 外国のように道路がよくて広くて、汽車より、バスより早いというのなら別だけれど。自分の車を運転してる人、若い人が多いようね。あれどういうの。

――自分の車を持つというのが、いまの若い人の夢のようですからね。

岸 道楽にしたら、ずいぶん気の長い、我慢強い道楽ね。あたしなら歩いちゃうな。二十そこそこの人が、時間もったいないわね。それに、ここから大船へ行くバイパス道路、あそこで毎日のように事故があるのを見るわ。

――パリなんかは、東京ほど、車多くないですか。

岸　いえ、やっぱり多いのよ。だけど街中ではトラックがまずないでしょう。それから、いわゆる乗用車以外の車がないんですよ。オート三輪とかオートバイとか。オートバイはたまに見かけるけれど……。

――例のカミナリ族の？

岸　そうそう。でも、そんなのも街中ではあんまりいわね。だから交通量は多くても、おだやかなのよ。その点、日本人って世界一運転がうまいと思うわ。あんな目茶目茶のなかで、あの程度の事故ですむんだから。

――でも、ローマは相当ひどいんですってね。神風が……。

岸　イタリアはオートバイがすごいのよ。ちょっと郊外に出て自動車道路なんかに行くと、すごくとばすわ。とばしても道路がいいから、ぜんぜんスムーズに行くんだけれど、このあいだ速度制限したの、あまり死ぬ事故が多いから。それでも八十キロでしょう。ふつうだったら百六十キロぐらいでとばしてるのね。すれちがうとき、ビュン、ビュンと凄い音がするわ。

――だから向うでは事故があるとそれきりってことになることが多いんですね。先だって（アルベール・）カミュも亡くなりましたね。

岸　あれは運転していた人の絶対責任ね。ガリマールって大出版社の社長の息子でしょう。カミュはスピード嫌いだから奥さまや子供たちと一緒にその前日汽車で帰るというのを、わたしと一緒に帰ろうと無理にひきとめ、彼だけ一日延ばさせたのね。ところが、車の点検をよくしとかなかったので、タイヤのゆるんでいるのに気がつかずに二百キロもとばして、タイヤがすっとんじゃって、その反動で、道路傍の大木に正面衝突して、カミュだけ死んじゃったんでしょう。

――フランスの文化にとって、大きな損失だったんでしょうね。

岸　彼は生涯のいちばん会心の作というのを執筆中だったんですって。

●やっぱり日本の映画に出たい

――自動車の話ばっかりになりますがあなた自分で運転なさる？
岸　日本でとった免許証は持ってるけれど、とったトタンに興味がなくなって、あっちへ行ってからもしないわ。主人まかせ。自分でしたほうがいいとは思うのよ。車を自分で動かすと、なんか自由さを感ずると思うの。

パリでは暇だし、百キロか二百キロ自分でとばして、二時間くらい郊外に行ってくるのもいいわね。セーヌの川べりを下って行くだけでもすばらしいでしょう。だから練習しろっていわれるけれど、あたし、方向音痴なのよ(笑)。

――自動車でどこへ行ったのか、迷い子になっちゃね(笑)。

岸 それにね、実はジャガーを買った次の日にぶつけちゃって……(笑)。

――それで自粛ってわけですか(笑)。フランスへお嫁入り以来、日本映画出演はこんどで四本目ですね。

岸 「風花」「おとうと」それから「黒い十人の女」そう、四本目ね。

――いいですね。ジェット機もできて割合かんたんに帰ってこられて。初めに向うへいらっしゃるとき、これで岸さんともお別れかなんて気がしたもんだけれど。幸い、チョコチョコ帰っていらして、そのたんびにいい仕事して、賞を持っていっちゃったりして(笑)。

岸 いえ、そんなこと……。

――何かに書いてあったわ。日本の映画界は、岸惠子をいちいちフランスから呼ばなければ映画が作れないとは情ない。

岸 いえあたしね、やはり日本の映画に出たいのよ。外国の映画よりもね。向うでもね、日本の映画に出たがって変だという人もあるのよ。あちらでも出なさい、出なさいっていろいろすすめられるのよ。でもつまらない作品で外国映画に出るよりも、日本でいい映画に出していただきたいと思うわ。

――むずかしいですよね、向うの映画にお出になる場合……。

岸 向うの友だちの言い分は、惠子ははるばる二万キロもジェット機に乗って行って、ちっとも世界的に見られない映画を一生懸命にやっている、というの。日本映画というのは向うの人から見ると世界的じゃないわけなのね。「おとうと」[※3]なんていう作品でも、向うでよく理解されにくいもんだから、なにが好きで、そう遠くまで行って帰ってくるのか……フランス映画に出ろなんて……。

●●・次回出演は〝東京のリフィフィ〟

――こんどは「からみ合い」のあと、東京ロケのフランス映画[※4]にお出になるそうですね。

岸 そうなの。だから今度はそれがあって一本引き受けちゃったんですけれど。それは十月の末に東京ロケをするというし……。でも、それだけで日本へ来るなんていうんだったらだめだったんだけれど、ちょうど主人が撮影でアフリカへ行くでしょう。クリスマス頃になるまでは、あたしが行ってもだめなの。気候がよくないんで、体質的にも、とても我慢ができないというの。だから、それまでパリにいなさいということだったんだけれど、パリに一人いるのなら日本へ行ってくる。そこへ「からみ合い」があったでしょう。「からみ合い」が終ったら、クリスマスまで日本にいようかな、パリへかえって来ようかなと思ってたとき、そのお話があって、ぜひにと監督さんが熱心に言って下さったの。プロデューサーが私たちの友だちなの。監督はジャック・ドレーといって「ジゴロ」というのを一本撮った人よ。それはどんな作品だったか知らないんだけれど、大変まじめな監督さんで、プロデューサーのジャック・バーは大プロデューサーなのよ。いわゆるギャングものではないけれど、一種のアクションものだっていうので、ピストルふりまわすのなんか柄じゃないからどうしようかと随分考えたわ。それで一度辞退をしたら監督さんが（ミレーヌ・）ドモンジョと家までやってきたの。でも監督さん一度会って見たら、非常に感覚の繊細なひとなのよ。「男の争い」って映画ありましたね。

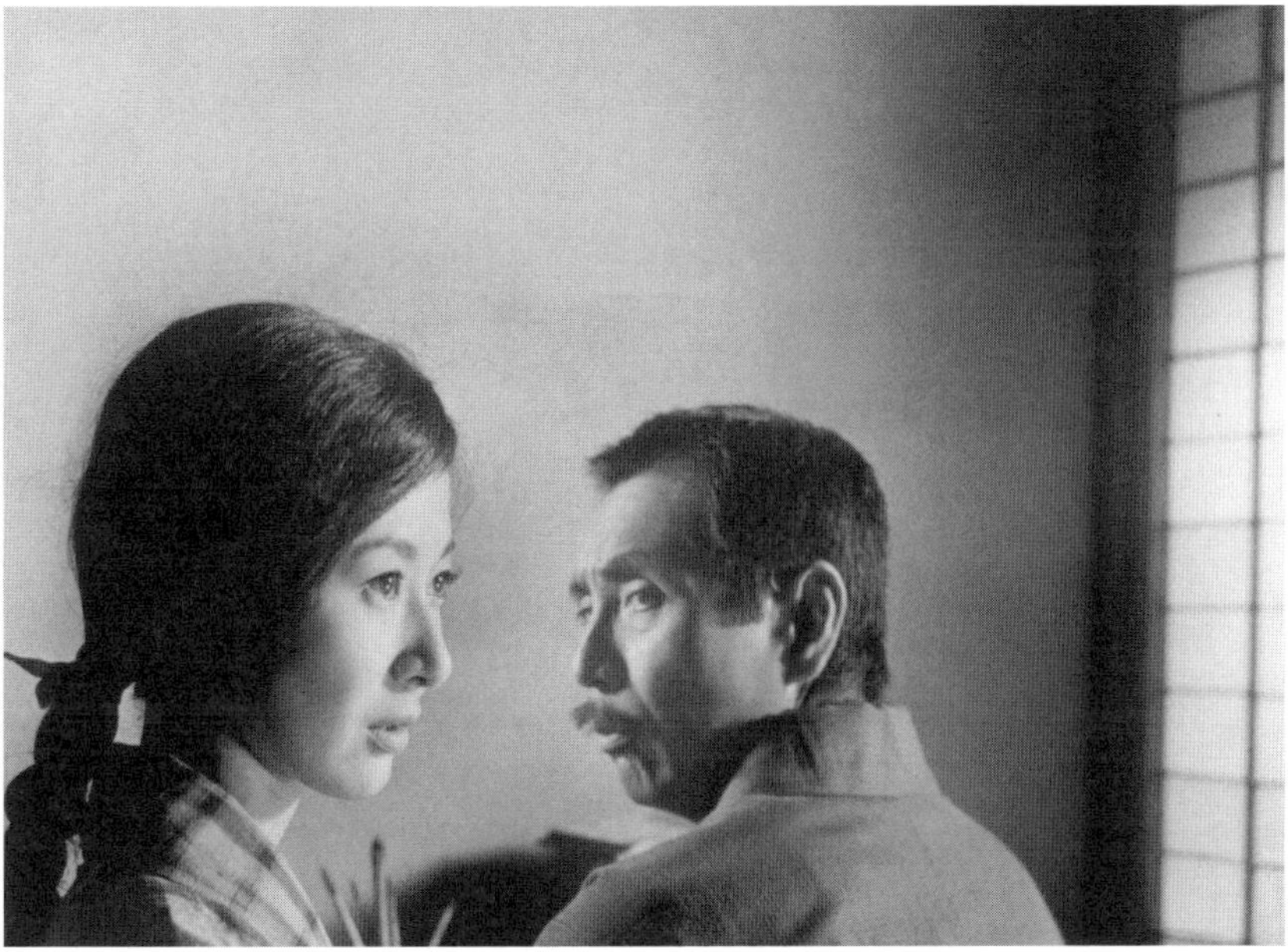
©KADOKAWA 1960
「おとうと」

——ええ、ええ、ジュールス・ダッシンの。面白い映画だったわ。金庫破りの話で。

岸　あの原作者の書いたものなの。「男の争い」の原名は『リフィフィ・シェ・レゾム』(Du Rififi chez le-shommes)。男たちのなかのリフィフィ。それがすごく当って、次に『リフィフィ・ダシェ・レラアム』という、「女の争い」といったものが出来て、これも大当りしたのよ。それで彼の第三作が、『東京のリフィフィ』ってわけなの。

——脚本はお読みになったの？

岸　ええ、読んでことわったの。アクションものはたいへんうまくいったにしても主役は男で、女はいかにも添えものでしょう。そしたら監督がやってきて、これは絶対そういうものにしないつもりだ。女二人も——あたしとドモンジョね——ちゃんと、意味があって出てもらうからといってねばられちゃった。役がじゃないけど、お話が割合と手のこんだもので、映画はおもしろくなりそうなの。クルーゾーじゃないけれど、ちゃんと〝最初から見て下さい〟ということを看板に書いとくといいわ。

——一口にいってどういうお話？

岸　東京銀行ってのほんとにあるの、東京に？

——あるわね。

岸　あっちゃ困るんだけれど(笑)。そこへ金庫破りにはいって世界一大きいというダイヤモンドを盗み出すといったお話。

——おもしろそうね。

岸　それが機関銃なんかでパンパンやるんじゃなくて、なかなか面白いのよ。

——知的計算でやるわけでしょう。

岸　そうなの、すごく混みいっているの。映画がおもしろくなりそうだと気分がいいでしょう、だからきめたのよ。

——それが十二月までにあがるのね。

岸　ええ、主人が、クリスマスまでに来なきゃ絶対にいけないなんていうのよ。自分が監督のくせに理解ないのよ(笑)。

——やはり旦那さまとなるとうるさいですか。

岸　日本には年に一回は帰っていいということになってはいるのよ。それは家があるし、両親に会うという意味でね。そしていい作品があれば出てもいいって。

——その点理解がおありでしょう。

岸　主人が、変な国際映画に出て、つまらない国際スターになんかなるな。恵子は日本でちゃんといい仕事に恵まれているんだからというのよ。

「からみ合い」

――それは三船（敏郎）さんも、言っていらした。外国映画に日本人で出るときにはよほど気をつけないと国辱ものになりかねないからって。それで、さっきお話に出た「おとうと」ですけど、あれのカンヌでの評判はどうだったんです？

●●スーパーで誤解された「おとうと」

岸　評判が悪かったといったら当らないわね。まあ、ぜんぜん誤解されたのよ。スーパーインポーズというものが、いかに大切なものかということを、ますます感じちゃったわ。「おとうと」の台詞は非常にニュアンスのあるものでしょう。こういうのは、フランス語でうまくやったら非常に深みの出せるものなの。大変に正確な訳をなさってたわけなんだけれど、あの姉弟の愛情ね。日本人でも考えがちなのは、あのお姉さんの弟に対する愛情に、なにか異常に激しいものがあるということでしょう。それが向うで、完全に異常だ、これは姉弟の恋愛ものだということになっちゃったんですよ。市川（崑）先生はその前の年に「鍵」というあれでもって有名でしょう。この監督またこういうのをやるのかと誤解したわけね（笑）。あたしがまた、そうじゃないんだなんて、やっきになって言ったりして、向うで大映の永田（雅一）さんにすっかりまかされてスーパーおやりになった方にひどく恨まれましたけれど。あたしは「雪国」[※5]でも苦い経験があるのよ。あんなに抒情的で美しいお話なのにね。芸者の駒子が酔っぱらって、もう芸者をやめて自由になりたいって良ちゃん（池部良）の島村のいるところでハサミで元結を切るところがあるでしょう。そこがスーパーの関係で、お定さんになっちゃったわけなの。それで映画祭で見ていた女の人で、怒って出て行ったひともあるの。あたし恥ずかしかったわ。

――スーパーというのは、ほんとに大事ですね。

岸　言葉だけが達者でも、映画のよくわかっている人でなきゃいけないし……。でも「おとうと」というのは、買っている人はとても買っているのよ。フランスならヌーヴェル・ヴァーグ系統の人とか、芸術至上主義的な人は、みんなすごく買ったのよ。

――あれは、色彩かなんかの賞をおもらいになったのじゃなかったの？

岸　いいえ、色彩賞というのは今度なくなったはずです。色彩といえば、今年のグランプリをもらったソ連映画の「戦火の日々」とかいった題の作品の色彩がとてもすばらしかったわ。ソ連は共産国でしょう。国家が映画を作ってるのね、きっと。だから製作費なんかどれくら

「雪国」
©東宝 1957

いかかってもいいらしいのね。まるでお金をまいてあるみたいな撮り方なのよ。70ミリじゃないシネマスコープよりも大きいのあるわね、シネラマというの。あれくらいの大きなワン・カットで、パーッとした広野に戦車が向うのほうからカメラ前までやってくるのよ。そこへ飛行機がきて、爆弾をパラパラと落していっちゃうの。それをワン・カットでやっちゃうのね。

――すごい迫力でしょうね。

岸 そりゃ、とても。そしてスターリン式とかいう大砲かなんかあって、それがまた花火を見てるみたいにシューシュととんでいってきれいなの。この映画のために、オープンでモスクワの街を建てたんですって。そうかと思うと、ヨーロッパでもない、アジアでもない、中近東というのかしら、あの広大な感じの……。

――スラブ的？

岸 ええ、そう、そう、スラブ民族の魅力というのかしら、大きさとおおまかさがあって、少女趣味といってよいようなロマンチックなカットもあるのね。そして監督が女の人なんです。こんなに肥った、円満な、五十くらいのおばあちゃんで、挨拶にいっても〝まあ恥ずかしくって〟なんて、涙ながしてうれしがって、いい感じだったわ。ただ惜しいことに、あれは国家でやっているた

めか、ソ連国民は！　みたいな大演説が出てきて、あたし、吹きだしちゃった。あれがなきゃいいのになあって（笑）。

――ソ連っていえば、ソ連映画祭で「裸の島」が大賞かなにか貰ったでしょう。あれは台詞の全然ない映画だから、スーパーインポーズの心配はなかったわけね（笑）。

岸　あれは、フランスからモスクワの映画祭へ行ってた人たちが帰ってきて、そのなかの五、六人から電話をしてくだすったわ。うれしかったわ。あたしが日本人だから、とにかくおめでとうといってくれて、とてもすばらしい映画だったって。あたしうれしくってね、新藤兼人さんて、ぜんぜん知らないけれども、お手紙書きたいと思ったくらいうれしかったわ。あれこそ、ほんとの映画だなんて言ってたわ。

――台詞がないからすぐじかにわかったそうです。高く売れたんです。

岸　それ知ってるの、いくらで売れたか。「スパイ・ゾルゲ　真珠湾前夜」[※6]をモスクワへ持っていった人が「裸の島」を買おうと思っていたら、その晩すでにいくらかで売れちゃってたんですって（笑）。

●●フランスで大当りの「スパイ・ゾルゲ」

――これから国際市場むけの映画はなるべく台詞のないものを作ること、なあんて（笑）。ところでその「スパイ・ゾルゲ」ですけどね……。

岸　着いたときから是非見せて下さいと言ってるんですけれど、まだ見せて下さらないの。

――あれは、はじめから台詞を吹きかえるというつもりだったの？

岸　いいえ、それをやったのは、契約違反なのよ。

――それではあなたには、ちょっと見せられないわよ（笑）。

岸　営業部総あげで宣伝して下さったらしいのは感謝してるんですけれど、あれはどうしてもオリジナルで出していただきたかったわ。

――あなたの声が、なんか違う人の声になったりするんで変だったわ。

岸　あたしの声なんかいいけれど、ゾルゲになった人の声はすばらしいのよ。日本語でなんか喋られたら、ちがうんだもの。あの映画の持っている魅力というのは、五カ国ものいろいろな国の言葉がはいるでしょう。それが一つの大事な素材になっているのよ。それからマイシンガーになったゴッペルトという人。あの人がまたいいのよ。あたしなんか何回パリで見ても鳥肌がたつの。日本から送ってくる批評を見て、まったく別な映画みたいになっちゃってるんじゃないかと心配してたわ。

——あちらでは？

岸 交通巡査が整理に出るほど、すごく行列がならんだのよ、映画館の前に。今年になって、批評がよくて入りもよかったというのはあの映画だけだといわれたわ。『フィガロ』だけだめだったけれど。

——わたしも、オリジナルはもっとちがったものになってるんじゃないかと思ったわ。でも合作映画ということになると、邦画の扱いをするからその点、地方へまわったときのことを考えなきゃならないのね。「二十四時間の情事」なんかも、大映で邦画扱いにしたため、ぜんぜんだめだったのね。

岸 「二十四時間の情事」でも「スパイ・ゾルゲ」でもそうだけれど、洋画ファンと日本映画ファンというものがあるでしょう。「スパイ・ゾルゲ」というのは、とっくりのなかにウィスキーを入れてお燗して出したようなものですね、ってあたしいったのよ。洋酒の好きな人は、とっくりのなかにはいっているお燗をしたウィスキーなんて飲めたものじゃないし、とっくりにはいってるから日本酒と思って飲んだ日本酒党も、あったかいウィスキーなんか、迷惑な話じゃないですかって（笑）。その点、ドイツの場合は立派よ。ウーファという会社の人がきて、全部ドイツ語版にして、編集もかえてやったの。そしたら入りが悪くて批評もよくなかったのね。とてもがっかりしていたわ。でも、三日でさっとひっこめると、こんどは全部オリジナルにして、少し時期をおいてから、新しい映画みたいに売りなおしてサッとかけたのよ。そしたら、ロングランでもう三カ月になるのよ。

——日本の場合もオリジナルでやる手がありますね。

岸 でも、もう闘い疲れたっていう感じ。もう、一切合作映画はいやだと思って……。

●●骨のある女優シモーヌ・シニョレ

——合作映画には悲観的？　市川崑さんのほうはどうかしら？

岸 市川先生の場合は恵まれていらっしゃるわ。ロケだけ向うでやってあとはこっちへ帰っておやりになればいいんですもの。言葉のわかっている連中だけでやるんですから、たいへん楽ですよ。

——ロケにも日本のスタッフが行けるのかしら。

岸 日本とフランスの場合は、合作映画なんとか法というのができていて、全部こっちの人を使ってやってもいいわけ。だけどそれじゃ製作費がたいへんでしょう。

――旅費をかけたりなんかすると、向うのほうが安上りということになるのね。
岸　そうね、あたしも通訳でもなんでもして、先生の手助けをしようと思うけれど。
――あなたが向うにいらっしゃるのでずいぶんみんな助かっていますね。このあいだ『スター千一夜』で三木（鮎郎）さんがいらしたときも、ずいぶんあなたが手伝ってておあげになったんでしょう？
岸　そんなことないけど。
――向うの映画界の人も、誰でもそう会えないんじゃないの。
岸　あのなかで、骨身にこたえて骨があると思ったのは、シモーヌ・シニョレだと思ったわ。あのとき、見ていらっしゃるほうではとてもいやだったでしょうけれど、彼女とてもご機嫌悪くしちゃって……そういうふうに、思ったことをパッと出せるところが、あたしは好きなの。すばらしいわ、女優としても、女としても。たいへんなインテリなのよ。くだらなさということが耐えられないのね。
――このごろでは、どうもイヴ・モンタンよりもシニョレのほうが役者が上だということがいよいよはっきりしてきたようね。
岸　格段のちがいだわ。でも彼はたいへんな努力家で、シモーヌがいないと、なんにもできないのよ。
――アメリカでマリリン・モンローと何かあったときも、あわてて帰って行っちゃって、いかにもシニョレさんがこわいみたいだった……。
岸　あれはこわいだろうと思うわ。あの人はあたしこわいだろうと思う（笑）。でもイヴ・モンタンって、すごく気のいい人よ。南の訛りがあって、だれに会ってもすぐ、コパン、コパン（仲間という意味）なんて肩をたたいて、大へんいい人なの。すばらしく毛並のふさふさした犬みたいな感じ（笑）。
――お話は変わりますけど、あなたパリで舞台にお出になったんでしょう。
岸　ええ、ジャン・コクトーの。おもしろかったあれは。でも舞台って一カ月もやるとあきちゃうの。同じことをやるとだめだわ、あたし。はじめは四回しかやらないはずがロングランになって……。
――四回？
岸　ええ。一週間に一回だけで、四回ということだったの。国立の劇場で、いいものばかりやるんですけれどね。それが、批評がよかったので、一月で四回のはずが、毎日やることになって一月つづいたのよ。あたしにとっては大変光栄な話なんですけれど、一月目にはもういやになっちゃったの。ブルーリボン賞のとき帰れなかったのはそのこともあったの。

ヌーヴェル・ヴァーグの侍たち

——最近のヌーヴェル・ヴァーグというのはどうですか。(ジャン・リュック・)ゴダールの「女は女である」はどうですか。毎日新聞の草壁(久四郎)さんがパリで見たけど、向うで見ると何だかわかったような気がしたといってらしたそうだけれど……。

岸　とにかくゴダール流の面白い映画だと思います。

——シャブロルは？　だめ？

岸　そういう批評ね。あたしは彼の「いとこ同志」はきらいだわ。

——ルイ・マルはどうです。「恋人たち」。

岸　あれはよかったけれど、ヌーヴェル・ヴァーグにはいるの？　でも「地下鉄のザジ」を見てがっかりしたわ。シネマテークからの寄せ集めみたいで。でも台詞がおもしろくって、お腹をかかえて笑ったけれど。最近あたしがパリで見ていちばん感動したのは、英国映画の「土曜の夜と日曜の朝」[※7]。

——ええ。日本でもいま試写をやってるわ。いいですね。カレル・ライスって新しい監督。

岸　あの方、もう一本撮ってるのよ。黒人問題の映画で、とりよせたけどパリでは封切れなくて……左翼系だからって。イヴが税関の検閲室で一人で見たらしいの。すごく感心していたわ。

——アラン・ドロンとロミー・シュナイダーはどうして結婚しないの？

岸　不思議ね。見とれちゃうほど。でも水もしたたる美男子ってあの人のことね。見とれちゃうほど。でも魅力は感じないな。ロミーは、それは涙ぐましいほどの献身ぶりなんですけれどね。

——ジャン・ポール・ベルモンドというのはどうなの、あちらの評判は？

岸　このごろはあまりいろんなものに出すぎちゃって、一年間に七本も出たといったかな。日本では十二、三本平気なんだけれど、あちらでは、それがスキャンダル的でお金が好きなんだろうなんて、いわれるのね。その点アラン・ドロンは(ミケランジェロ・)アントニオーニの作品に出たいがために、メトロに莫大な違約金を払ったとかいわれているの。そういうところ、とてもいいと思うわ。

——どうもいろいろとありがとうございました。

（61年11月上旬号）

※1　いらっしゃるたびに……
フランスの監督イヴ・シァンピと1957年5月4日、フランスで結婚式を挙げた岸惠子は、以来、パリに居住しながら、日本映画に出演の度に訪日した。

※2　「からみ合い」
文芸プロダクションにんじんくらぶ＝松竹・62　監督：小林正樹　出演：岸惠子、川津祐介　莫大な遺産をめぐり、それまで自分を抑えていた女の変身を通して、人間の欲望と深層心理をスリリングに描く。

※3　「おとうと」
大映・60　監督：市川崑　出演：岸惠子、川口浩、森雅之、田中絹代　幸田文原作。温かみのない家庭で育った姉と弟。警察の世話になったり姉に迷惑ばかりかける弟だが、やがて結核で倒れる。ベッドに寝る弟と付き添いの姉が紐で手を結びあって寝るシーンが、哀しい姉弟愛を描いて感動的。

※4　東京ロケのフランス映画
『Riffi a Tokyo（東京での対決）』（日本未公開）仏・63　監督：ジャック・ドレー　出演：岸惠子、シャルル・ヴァネル、岡田英次　東京銀行に保管されている巨大なダイヤをめぐって国際的なダイヤ泥棒が暗躍する犯罪映画。

※5　「雪国」
東宝・57　監督：豊田四郎　出演：岸惠子、池部良、八千草薫　川端康成の名作の映画化。雪国の温泉宿の芸者と湯治に来た男との愛憎を描いた恋愛ドラマ。

※6　「スパイ・ゾルゲ　真珠湾前夜」
仏＝松竹・61　監督：イヴ・シァンピ　出演：トーマス・ホルツマン、岸惠子、マリオ・アドルフ　戦前、日本で活動したロシアのスパイ、ゾルゲの活動をスリリングに描く。

※7　「土曜の夜と日曜の朝」
英・60　監督：カレル・ライス　出演：アルバート・フィニー、レイチェル・ロバーツ　ロンドンの工場で働く労働者の青春と生活をリアルに描いた、いわゆる〝怒れる若者たち〟と言われるイギリスのフリー・シネマの代表作。

©KADOKAWA 1960

「おとうと」

日本で、いい映画に出して頂きたい

小藤田千栄子

結婚でフランスに移住した岸恵子は、いくたびも帰国して、日本映画に出演していたのは、よく知られている。この取材の時点で、「風花」「おとうと」「黒い十人の女」と続き、そしていま4本目の日本映画「からみ合い」に出演している。1961年の時点では、いまほどにはフランスの情報が入ってきてないので、インタビューは、フランスの交通事情などから始まっている。

さらにフランスでは、なぜ日本映画ばかりに出るのか、フランス映画に出ればいいのに、とも言われていたらしい。でも、岸恵子は「つまらない作品で外国映画に出るよりも、日本で、いい映画に出していただきたい」とキッパリ。

さらに日本映画の、フランスでの評価などについても、フランス在住ならではの、詳しい情報を披露している。しかもこの時代から、外国映画の字幕の問題、あるいは吹き替えなどについても、鋭い指摘。やっぱり世界を見ているなあと思わせるのだった。

さらにフランスの俳優について語っているのも、読み応えがあった。女優のベストは、シモーヌ・シニョレらしい。夫のイヴ・モンタンよりも、役者が上で「格段のちがいだわ」と。「でもイヴ・モンタンも、すごく気のいい人」なのだそうである。こういう、いわば現場からのレポートは、真実性があって面白かった。同時に、かなりゴシップにも詳しい人のようだ。

岡田茉莉子

自分の好きな企画を、好きな人たちと、
好きなようにやりたい

おかだ・まりこ（1933年1月11日〜）
東京都渋谷区生まれ。父は往年の大スター、岡田時彦。新潟市立高等女学校卒業。51年に東宝入社、同年「舞姫」でデビュー。しかし東宝では初の単独主演「芸者小夏」54はあるが消化不良状態が続き、57年に松竹へ移籍。「集金旅行」57、「悪女の季節」58、「ある落日」59、「女の坂道」「秋日和」60、「猟銃」「女舞」61になどに主演、あるいは準主演として活躍。さらに「熱愛者」61では初めてプロデュースを担当、次いで「秋津温泉」62ではプロデュースとともに新鋭の吉田喜重を抜擢、この年の主演女優賞を独占した。以降も日本を代表するトップ女優として、「秋刀魚の味」62、「香華」64など、65年には吉田監督と結婚し、以降2人のコンビ作が多くなり、「水で書かれた物語」65、「女のみづうみ」66、「エロス＋虐殺」70、「告白的女優論」71など多数あり、他には「妻二人」67、「吾輩は猫である」72、「人間の証明」77などに出演。

二年ごしでこぎつけて、やっと自分の企画を女優プロデューサーの初登場という形で達成したファイト。失恋つづきで、恋愛などということにはくたびれました、これからはまずがめつく女優の精進を、という立派さ。彼女は岡田時彦という役者の娘であった。

●●・中村真一郎と「熱愛者」

——「熱愛者」※1がはじまって忙しいんでしょう？　こんどは女優さんだけじゃないから……。

岡田　ほんとは今日も行ってなきゃいけないの、自分の出番はないんだけれど。

——それはどうもすみません。

岡田　いえ、今日は月丘（夢路）さんと芥川（比呂志）さんのラヴ・シーンなの、この暑さに（笑）。あたしがいるとやりにくいといけないと思って、行くの遠慮したの。

——これまでとちがって、いろいろ気を使わなければならないわね。

岡田　ところで、今日はどんなお話なんです？

——大丈夫です、プライバシーの侵害はいたしませんから（笑）。

岡田　それはもう安心しておりますから（笑）。

——今日は、あなたが、女優プロデューサーとして「熱愛者」をとりあげるまでのいきさつをまず伺いたいのよ。

岡田　けっきょく二年くらいかかっているんですよね。あたしが本を読んで、是非これをやりたいと思ってから、今日、こういう形で実現するまでに。

——ずいぶん、思いこんじゃったのね。

岡田　でも早いほうですよ、二年っていうのは。とくにこういうやりにくいものとしては……。

——原作を読んでますけど、たいへん心理的な小説という意味では、映画化がむずかしいといわれるかもしれませんね。

岡田　十人にきいて十人が映画化は無理だろうとおっしゃるのよ。こんなショックだったことないな。それだけに逆にファイトが出たわ。そんなにダメなものなら、絶対にやってみようと思ったの。

——でも、映画的要素も大いにあるわ。

岡田　テーマとしては、現代に通じるものが十分あるから、そういうことで大丈夫だという自信はあったんですけれど。

——それ（テーマの現代性）がいちばん大事なことじゃ

ないかしら。それにあれくらいの心理追求というのは、普通の映画でも当然なされなければいけないと思いますよ。

岡田　あたしもそう思うんですよ。いままでのメロドラマでは、ちょっとなかったですけれども。これもやはりメロドラマだと思うし、これからはこういう心理的なメロドラマもあっていい。いえ、これからはこういうものになっていかなきゃ、いけないんじゃないかと思うんですけれど。

――フランス映画には、ふんだんにあるんだけれど。心理的メロドラマって言うようなのが……。

岡田　それで、日本のお客さんだって、フランス映画のそういうのを見て、けっこう、ああだった、こうだったと批評をしているんですからね。

――中村真一郎さんは、たいへんな岡田さんファンだけれど、あなたも先生のものはよく読んでいらしたの？

岡田　あたし、昔から好きでした。

――『天使の時間』。

岡田　その前にも読んでとても好きになったの。あたしが、中村先生のもの、とても読みやすいといったら、それは神経が普通じゃないって（笑）、こんな読みにくい小説はない、なんていわれちゃいましたけれどね。こんどの「熱愛者」の原作、気に入ってやろうと決心してから、ひとに読んでみて下さいというでしょう。そうすると男の人には評判が悪いのよ。けっきょくそれは男の主人公が、はっきりしない人物だからなんでしょう。まあ、男性から見たら、素敵な男性ではないのね。そういう意味で抵抗を感じちゃうんじゃないの。抵抗を感じる人こそ、自分がそうだから感じるんですよ（笑）。

プロデューサー一年生

――あなたがそういう万難を排して映画化を実現なすったんだから、是非成功していただきたいですね。前から映画化についてはうかがっていたけれど、製作までおやりになるとは思わなかったんですけれどね。

岡田　あたしも思わなかったんです。ところが、いまも言ったとおり、みんなが反対するし、映画になりにくいものを、松竹がやってくれるとなったときに、プロデューサーもやってみたらどうかということになったの。いわゆる松竹作品として、持っていってすぐOKというようなものではないでしょう。一年くらい考えて、そうですねっていわれたものだけに、それならやってみてもと思ったんですよ。

――それで、プロデューサーとしての第一歩のご感想は？

岡田　自分でいっとうお手柄だと思うのは、脚本を新藤（兼人）先生にお願いしたことと、もうひとつ嬉しいことは、出て下さる俳優さんが、すごく気持よく出て下さったことなんです。最初監督の井上和男さんと話したときは、これは夢のキャストね、これだけ実現できたらすごい、なんて言っていたんです。そしたら、ほとんどその通りになったんですよ。だからほんとにあたし、皆さんに感謝しているんです。

——それはよかったわね。運がよかったというのか、ツイてるというのか、いや、新プロデューサーの人徳というんでしょうね。

岡田　こないだクランク・インの初日でセットをやったとき、なんだかすごくどきどきしちゃった。女優としてやるときも、一人のために、六十人のスタッフがやってて下さるんだなという感謝はいつもしてますよ。でもね、それよりも、こないだ九時にセットに入ったんですけれど、みんなが「熱愛者」の台本をポケットに入れてやってるのよね、それを見たら、感激しちゃって、胸がいっぱいになっちゃって……。

——つまり、一個の演技者としてセットにはいったときとは別な……？

「熱愛者」
©松竹 1961

岡田　ええ、ぜんぜんちがった気持で、なんだかほんとに責任を感じちゃって、涙が出そうになったわ。それで珍しくあがっちゃいましたけれどもね。

——でも、自分が一つの作品に全責任みたいなものを持っているというのは、ある意味ではいい気持でしょう？

岡田　ええ、でもね、でもね、やっぱりタイトルに企画者という名前が出たり、それから本に印刷されたりすることが、なんか、すごく僭越であったり、生意気に見えたりするんじゃないか、そういうふうにとられるといちばん困ると思って、そういうところにいちばん気を使ったんですけれど。

――僭越？　そうかしら？

岡田　そういうことは感じませんか？

――わたしは感じませんけれどね。そりゃ、あなたには、いくぶんの風当りはあるでしょうけれど。女が何かはじめるとなると、きっとそれがあるんだから……。でもなにかあなたに、そんなふうに感じられることがあったの？

岡田　まだ、なにも聞いたことはないんですけれどもね。

――でも、これは誰かがやらなければならないことだと思うんですよね。女優さんとしてもね。たとえば最近ハリウッドでも、ちょっと骨のある俳優さんは、みんな自分で製作にものりだしているでしょう？　これまでのわたしのこの対談でも、いろんな方からそのご意見が出たんですけれどね。つまり、映画界の今日の低調を救う方法の一つは、監督なり、俳優が、プロダクションを起したり、製作者を兼ねたりして、自分が是非やりたいという作品を自由に良心的に作るということじゃないかと言

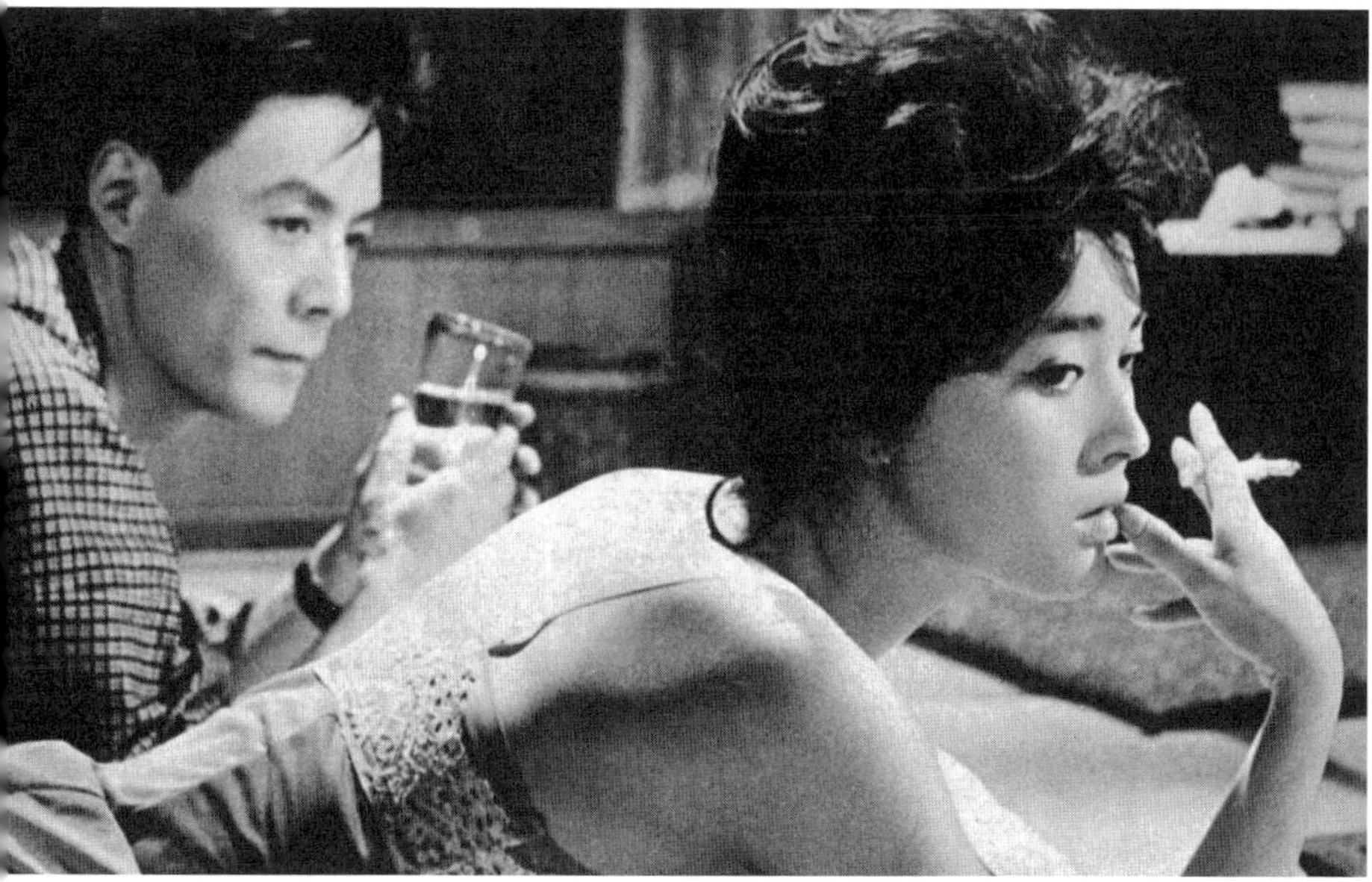

「熱愛者」

うことなんですよね。あなたの場合だって、あなたがプロデュースしなければ、「熱愛者」という作品はできなかったかもしれない。これが成功したら、そんなことをもし言う人があったとしても、やっぱり女優さんも、自分のやりたい仕事をするためには、思いきって勇気を出すこと、そしてある意味の冒険をやるべきだということがわかるんじゃない？

岡田　そうですね。自分でこれをやりたいと覚悟をきめたときに、自分の好きなものを、好きな人たちと、好きなようにやれるという魅力ですね。お金の問題をよく聞かれるんですよ、でも、そういうことはぜんぜん別で、とにかくそういう夢の実現でいっしょうけんめい。

●● 苦しみもあり、楽しみもあり……

――わたし、まだ台本は拝見していないんだけれど、どう、本は？

岡田　わたしは、たいへんよく出来てると思いますね。すごくよくわかって下すったの、わたしのやりたいことを。ほんとうに、あたしの思った通りに書いて下すったという感じよ。

――井上監督とこの作品の組み合せもいいですね。

岡田　ええ、やっぱりこれは若い感覚を持った方でなければいけないし、若いばかりでなく、ある程度オーソドックスな技量を持った方でないとというんで……。

――井上さんの「水溜り」[※2]、よかったそうですね。残念ながらわたしは見落しちゃった。

岡田　いい写真でした。自分がちょっとしか出てないから、わりと客観的に見られたんですけれど、とてもいいと思いました。

――しかし、これからね。楽しみも苦しみも（笑）。

岡田　あたし、セットにはいったら女優さんだけって約束したんだけれど、やっぱりそうはいきませんね。仕事としては別に何もないんだけれど、神経を使いますね。大変失礼なことですけれど、あまり神経使いすぎたせいか、初日の翌朝、下痢しちゃった。食べものなんかのせいじゃないの、一回だけでしたけれど……。

――胃腸の病気の大半が神経からくるといわれるくらいですからね。だから、これはほんとだかどうだか知らないけれど、アメリカかどこかで頭と胃腸につながっている神経を切って治す療法があるんですって。ほかの神経を切らないようにしてね。（笑）。

岡田　切りちがえてパアになっちゃたいへん（笑）。

――まあ、みなさん体には気をつけておやりになって下さい、酷暑の折りですから。

岡田　初日のセットに新聞社のみなさんが来て下すったんですけれど、それがまた暑いセットなの。そのうえ、いきなりね、僕、君のこと好き、なんていうことではじまって。「熱愛者」だから（笑）。

――題名もちょっと暑かったわね（笑）。

岡田　それをいちばん暑いときに撮るんですもの。すいません、ちょっと待って下さい、レコードがそりましたから、なんていうのよ。レコードがそってる？　人間はどうなるんだ？（笑）人間は水分があるから大丈夫だろうって（笑）。ひどいもんよ。

――それ、場面の暑さのせいだったかな（笑）。

岡田　いちばん熱烈なラヴ・シーンは冷房のあるステージを使わしてもらうことにいたします（笑）。でも、冗談は別として、ほんとうに、こんどは是非成功したいと思って、やせる思いをしているのよ。こんなことで、少しでも会社のマンネリズムを破ることが出来たらと思って。会社も、とても応援していて下さいます。

――あとに続くひとのためにも、ほんとに成功を祈りますね。しかし、昨年あたりから、メキメキとついてきている感じね。昨年以来あなたには井上靖さんの作品が多いですね。あの方の作品の主人公をやるのは好き？

岡田　ええ、面白いですね。心理が複雑なんだけれど、パッとおもてに表現できないだけに、最高級の演技を要求されるから、そういう意味では、絶対に自分の本命として持っておきたいですね。

●● 井上文学と中村文学のヒロイン

――井上さんのもので、あなたがいちばん初めにやったのは？

岡田　さかのぼれば古いんですよ。東宝時代で、堀川弘通さんの第一回監督作品の「あすなろ物語[※3]」。

――ああ、そうでしたね。あれもいい写真だったわ。でも井上さんのもので、あなたがすごく真価を発揮しだしたのは、最近のものね。

岡田　最近の「河口[※4]」もそうですけれど、やっぱりあたしとしては、すごくハリきっちゃうの。

――こんどの「熱愛者」はどう？　井上文学と……。

岡田　ぜんぜんちがったものだし、なんかヒロインの頼子という女の人が、とてもかわいくて、平凡で、そして正直で、そしてけっこう現代的なエゴイズムも持っていますし、そういうものは、とても現代的だと思うのですよね。後半のほうは、自分ではああはいかないと思いますね。すごくあたしに似てるという人もあるんですけれど、後半なんか、やっぱり、あたしは、あそこまで現

「河口」

©松竹 1961

代的に割り切れないと思うんですけれど。

――頼子には、とても新しい雰囲気があるわけね。

岡田 ええ、女の方には、仕事を持ってる女の人の結婚というのは、むずかしい問題で、こういうケースもあるということを見ていただきたいし、男の方には、女の人をあまり理想型にしようとすると、こういうことになるということを知っていただく……。

――それに、大変サラリと面白い二人の若い恋人同士が出てるでしょう?

岡田 ええ、それは、(桑野)みゆきちゃんと、あたしが映画にひっぱった宗方勝巳という子が扮してます。宗方というのは、NHKテレビの『バス通り裏』に出ている谷川勝巳君です。

――最後に頼子が家を出る相手の男性は?

岡田 園井啓介さん。

――テレビの『事件記者』のひとね。それで夫は芥川(也寸志)さん。

岡田 それであたしの趣味がわかっちゃったなんていわれたわ。

――趣味? ああ!(笑)でも、やはりユニット・プロでないとできない異色のキャスティングですよね。

岡田 テレビの人ってあんまり人気があるんでびっく

りしているんです。

——完成は？

岡田　だいたい八月中旬クランク・アップの九月一週封切という予定なんです。

——相当強行ね。

岡田　是非予定通りやりたいと思っているんです。試写も十分にやりたいですから。三週のロングランをすることになっているんです。

●好きだった「バナナ」の娘役

——茉莉ちゃんと話していないみたいな感じ（笑）。それで、「熱愛者」があがったら、なにをやる予定なんですか？

岡田　円地さんの「愛情の系譜」※5。

——それは、製作のほうは？

岡田　役者だけです。よほどやりたくてしょうがないものでなければね。やっぱり松竹へ持っていって、すぐやりましょうといわれるものじゃね。やっぱり張り合いがないんですよね（笑）。ごねて、ごねて、それでもだめだといわれて、それでもというような……。

——その間二年くらいかかって？（笑）ゴネマリなんていわれるんじゃない？

岡田　たまにはそういわれてもいいわ。

——それで、この次どうしてもやってみたいというプランは？

岡田　いま具体的にはないんですけれど、すごい喜劇をやってみたいと思うんですよ。極端にいえばチャップリン喜劇みたいなーとっても明るくて……。

——お腹をかかえて、ころげて笑うような？

岡田　ええ、会社では下町風なコメディをやってくれなんて言われているんですけれど。渋谷（実）先生の「バナナ」のあたしの役好きだったな。あの「青ブクの歌」、とぼけてて、あれは傑作だったわ。

——女性メロドラマと変ったものをやりたいというわけね。でも、先にあなたも言ったように、よろめき夫人よろめき女性はあなたの本命みたいなものだから。

岡田　でも、井上先生のものは同じムードのなかでいかなければ、ならないでしょう、そのムードのなかで泣いたり笑ったりするわけでしょう、だから慣れるまでは、一貫匁くらいやせちゃいました。

——今後、どんな監督さんの仕事に出たいですか？

岡田　松竹の監督さんは、これは松竹にいるとすれば、こちらから希望しなくても使っていただけるとしてですね、あたし、やっぱり吉村（公三郎）先生、女のもので。

それから時代劇では稲垣（浩）先生。それから日活の今村（昌平）さんとか、中平（康）さんなどの作品に出てみたいわ。

●●カーク・ダグラス主演『蒼き狼』

――最近見た作品で、なにか感心したのがありますか？

岡田　自分がこういうことをやりだしたんで、昨日、マーロン・ブランドの「片目のジャック」を見たんですよ。彼が製作と監督もしているからというので。ブランドは若い役者のなかではいちばん好きなんですよ。とにかく頭はいいですね。役者としての才能はすごく認めているんですけれども、演出でも、とても気を使って撮ってますね。甘さがあるんですよ。あの人のものって厳しいでしょう？　それが今度は気を使っていますね。それでなければいけないという神経があると思うのよ。だからとても甘いの。甘さがあって、迫力があって、どんどんひきつけられていっちゃう。これはもうまいりました。

――あなたも、こんど監督をやりたいという気持になるんじゃない？

岡田　それは、体力的にとてもだめでしょうけれど。とにかく、あのブランドには感心しましたね。

――共演したら？

岡田　あたしにいまお金がすごくあったら何をするかっていうとね。あたし、カーク・ダグラスをよんできて、井上先生の『蒼き狼』をやりたいわ。お金がうんとあったら。ぜんぜん夢だけれども。成吉思汗を彼にして……。

――それなら、必ずしも夢だとばかりあきらめる必要はないんじゃない？　近ごろは東洋ブームですしね、合作という手もありますしね、タイアップという方法もありますしね。まずいい企画ね。実現する、しないは別にしても……。いまや、そういう企画の時代になってきているんじゃないでしょうか。だから、映画がほろびるとかなんとかいって悲観していながら、狭い日本のなかで、各社が俳優を貸すとか貸さないとか、テレビに出ちゃいけないとか、狭い料簡のことばかり言っているのはおかしいのじゃないかしら。

岡田　それじゃひとつ、これ発表しようかな（笑）。

――どうせ「キネマ旬報」に出ますから……。

岡田　それでは、契約条件によって、率がよければ……（笑）。

――とりあえず……。

岡田　いい企画だと思うでしょう？　早速やりましょうか、よそへとられないうちに（笑）。

――それじゃ、二年も待っていられませんね（笑）。

「愛情の系譜」

岡田　この（七月）二十八日に井上先生が帰っていらしたらすぐいただいて……（笑）。
——そういうふうに考えるだけでも、たのしいわね。監督は誰にしますか？　あれどうかしら？「スパルタカス」のスタンリー・キューブリック。
岡田　あれ、いいわ。もうプランだけはできちゃった。問題は脚本だけれど、英訳しなきゃならないわね。これちょっとめんどうね。
——やるとなったら、大したことはないでしょうね。合作映画にもいろいろ問題はあるでしょうけれど、でも、これからはこんな夢のプランを実現させたいですね。
岡田　あのなかに三人の女が出てくるから、その中の一人をやらせてもらえればいいわ。あたしには、東南アジア方面からのファン・レターが特に多いのよ。
——そうでしょうね。わたしはいつもあなたの顔を見ていると、中国の美人を連想しますね。いまの新中国のじゃなく、古い物語の傾国の美妃といったのを。
岡田　おそれいります（笑）。

●• 雷蔵さんと明治ものを

——ところで、外国ばかりでなく、国内で、これから共演してみたいという相手は？

岡田　（大川）橋蔵さんと（市川）雷蔵さん。

——時代劇？

岡田　時代劇もですけれど、あたし、どうせやるなら、その中国のものなんかをやりたいの。時代劇は時代劇でも。でなければ、雷蔵さんと明治ものをやりたくて、泉鏡花じゃなくてもいいですけれどもね。一本くらいはやってみたいわ。

——「女舞」[※6]は当ったそうですね、あの役なんか、気に入ってるんでしょう？

岡田　ええ、映画ではあすこまでですけれども、あそこからあとの話をやりたいの。あとのほうがすごいのよ。原作では西川が外人の女に生ませた子供がいるんです。それから結婚した神崎にも、子供がいることになっているの。千弥には子供ができないので、西川の面影のある子供を、ひきとって育てたいというと、神崎も、実はおれもかわいい子供を知っている。それを引きとりたいと言うの。そうしていろいろ面白いことがあるんですが、大庭（秀雄）先生は、そこまでは撮れないからとおっしゃって、あそこまでになったの。

——「女舞」が当ったんだから、「続女舞」の可能性もありますね。どうして会社はそんなところに目をつけないのかしらね？　あなたは、テレビ出演はいけないの？

「河口」演出中の中村登監督と　©松竹 1961

岡田　ええ、うるさいんです。

——このあいだ演出の話があったんじゃないんですか？　演出はいいの？

岡田　いいんでしょうね。とにかく顔がうつらなければいいらしいですよ。いえ顔は出てもいいから芝居をしちゃいけないんです。だからインタビューとか、ゲストとかそういったものならいいんです。

——いつかおやりになったでしょう。

岡田　だから、あれ以来やっていないんです。去年、芸術祭参加作品が一本もなかったので、テレビで芸術祭に参加させていただいたの（笑）。

——意欲は？

岡田　そうね、一年に一本か多くて二本くらいは、やってみたいですね。

——演出は？

岡田　忙しいから、無理でしょうね。

十年選手と結婚問題

——話はとびますけれど、先日お父さんの岡田時彦さんを偲ぶ会がありましたでしょう。わたしはちょうど入院中で失礼しましたけれど……。

岡田　父の二十七回忌だったのです。

――その時、お父さんの「滝の白糸」を上映なすったそうですね。わたしはそれを拝見したくてたまらなかったんですが。

岡田　俳優さんでも見たいという方がいっぱいいらっしゃるんです。ですからもう一度やろうといっているんです。

――是非やって下さいな。これまでに亡くなった映画スターで、ヴァレンチノとジェームズ・ディーンと岡田時彦さんの三人は、いつまでも忘れ去られないで、当時のファンの憧れのなかに生きてる人ですね。あなたは、いまお父さんの映画を見て、どんなふうにお感じになる？

岡田　あたし、父を知らないでしょう。だからこれまでは、いったいどんな人だったろうかと、そんな気持で見てました。こないだは、初めて、役者として見てやろうと思ってね。やっぱりこれはちょっとすごいですね。あたしが言うのはなんだけれど。やっぱり天才だと思います。サイレントなんだけれど、台詞を言う前とあとが、とてもうまいの。もうだめだと思っちゃった、ほんとに。でも、あたしは自分で自分の映画をよく見るでしょう。父の映画を見てると、パッと立ったときとか、坐りかけとか、そういう動きが、すごく自分と似ているので、変な気持がしたわ。

——でも役者として倖せね、そういうお父さまを持って。

岡田　ええ、父を誇りに思っています。

——ところで、ちょっとプライバシーにふれて、あなたの結婚[※7]は？

岡田　もうくたびれちゃった、恋愛も（笑）。二、三年前は、女の子として結婚が第一だなんて考えていましたよ。でもここへきて、仕事を第一に考えてゆく気持になったんです。それで、やっぱり女優としてのあたしを愛してくれる人があったら、結婚しようというふうに変りました。女優をやり出したとき、十年やってみなければと思ったんですけれど、十年目になって、やっと決心したというところです。

——じゃ女優として本腰をすえたというわけですね。それはご立派よ。では、どうもありがとうございました。

（61年8月下旬号）

※1　「熱愛者」
　松竹・61　監督：井上和男　出演：岡田茉莉子、芥川比呂志、桑野みゆき　岡田茉莉子プロデュース作品。音楽評論家と室内デザイナーの恋。男は頭の中の架空の女を愛し、女はその理想的な女に近づこうと努力するが、いずれ二人の仲は破綻する。

※2　「水溜り」
　松竹・61　監督：井上和男　出演：岡田茉莉子、川津祐介、倍賞千恵子　東京の場末の貧民街を舞台に、母と2人の娘が男たちに翻弄されながらもしたたかに生きる姿を描く。

※3　「あすなろ物語」
　東宝・55　監督：堀川弘通　出演：久保明、岡田茉莉子、久我美子　井上靖の原作を黒澤明が脚色。祖母に育てられた気の弱い少年が一人前の男に成長する姿をオムニバス風に描く。

※4　「河口」
　松竹・61　監督：中村登　出演：岡田茉莉子、山村聰、杉浦直樹　画商の主人公は運転資金を稼ぐために次々と男と関係を持つが、唯一、病身の妻を持つ男に真実の愛を抱く。しかし、やがて自ら身を引く決心をする。

※5　「愛情の系譜」
　松竹・61　監督：五所平之助　出演：岡田茉莉子、山村聰　恋人が社長令嬢と結婚するために二人の関係を清算しようとしているのを知り動揺する女を描く。

※6　「女舞」
　松竹・61　監督：大庭秀雄　出演：岡田茉莉子、佐田啓二、仲谷昇　舞踊家・浜村千弥と能楽宗家の西川との破滅的な恋を描きながら、舞踊界の因習に囚われながら展開する様々な恋愛模様を描く。

※7　岡田茉莉子の結婚
　岡田の二作目のプロデュース作品となる「秋津温泉」62に抜擢した吉田喜重監督との婚約を、63年11月6日に発表し、翌64年6月21日、西ドイツの村で木下恵介監督の媒酌により結婚式を挙げた。

「熱愛者」
©松竹 1961

「熱愛者」プロデューサーとして

小藤田千栄子

女性のプロデューサーは、ほとんどいなかった時代。ましてや人気女優が、映画のプロデュースをするなんて、ほとんど考えられなかった時代に、岡田茉莉子はプロデューサーとして登場した。原作＝中村真一郎の「熱愛者」。これを読んで、ぜひ映画にしたいと思い始めてから2年。やっと実現したころの取材である。脚本＝新藤兼人、監督＝井上和男、共演＝芥川比呂志、宇野重吉、桑野みゆき。岡田茉莉子は、もちろん主演のインテリア・デザイナー役で、音楽評論家＝芥川比呂志とのラブ・ストーリーが中心となる。

「自分で、いっとうお手柄だと思うのは、脚本を新藤（兼人）先生にお願いしたことと、出て下さる俳優さんが、すごく気持よく出て下さったことなんです」。「監督の井上和男さんとも、これは夢のキャストねと言っていたのです」。

1960年代の初めに、いかに岡田茉莉子が松竹の看板女優であっても、これほどのキャストを集めて、映画を作ってしまうなんて、やはりスゴイと思う。あの有名な「秋津温泉」は、この翌年の作品になる。

岡田茉莉子は、往時の映画スター＝岡田時彦の娘。ヴァレンチノとジェームズ・ディーンと岡田時彦は、永遠のあこがれとも言われたものだ。「熱愛者」以外にも、岡田茉莉子は映画の企画を考えるのが好きなようで、井上靖の『蒼き狼』を、カーク・ダグラス主演でというのは、魅力的な企画だと思った。

淡島千景

小津先生の現場ではベテランが震えている、
新人の私なんかどうしたらいいかわからないのよ

あわしま・ちかげ（1924年2月24日〜2012年2月16日）
東京都生まれ。本名・中川慶子。宝塚音楽歌劇学校を経て、宝塚歌劇団に入り活躍、50年3月に退団して松竹に入社、同年、渋谷実監督「てんやわんや」でデビューする。テンポの速い演技と小気味いいセリフ回しが評判となり、「自由学校」「麦秋」「善魔」51、「本日休診」「カルメン純情す」52などで小津安二郎、木下恵介などの巨匠監督に起用されるようになり、また「君の名は」3部作53—54にも出演している。55年には森繁久彌と共演で「夫婦善哉」に出演して各賞を独占。これ以降、「負ケラレマセン勝ツマデハ」58、「花のれん」59、「珍品堂主人」60、「台所太平記」63などで森繁とコンビを組む。その間に五所平之助監督「螢火」、成瀬巳喜男監督「鰯雲」58などの名作に主演している。フリーになってからは東宝の「駅前」シリーズに出演するが、徐々に舞台出演が仕事のメインとなっていく。

お景ちゃんの愛称にふさわしく、さばさばとくったくのない大スター。宝塚時代の優等生そのままに、いまもご褒賞を沢山もらう映画界の優等生スター、日本映画を支える大事な柱の一本である。

●●・百一本目の「ママおうち……」

――いま「ママおうちが燃えてるの」※1にはいっていらっしゃるのね。

淡島　いまロケーションから帰ってきたところ。

――シナリオで、なにか問題があったってききましたけど、松山善三さんのテレビを見ただけでは何ともいえないんですがネ、そんな問題になるようなところがあるんですか？　映画のシナリオは楠田芳子さんでしょう？

淡島　たいへん原作者に好意的ですよ。好意的すぎるくらい。私はやっぱり一人の人間が離婚するということになるのは、たいへんなことだと思うのですよ。そんなきれいな、清らかな気持で、礼賛しつつ別れることは、私はできないと思うのですが。

――そうね、この原作の松尾（ちよ子）さんの場合、性格が合わないってことで、お互いに了解し合ってお別れになったということだけれど、それは日がたって見てはじめて冷静にいえることで、その当座はやはり、いろいろあるだろうとは思いますね。離婚の話し合いの場面かなにかあるんですか？

淡島　しょっぱなに、弁護士が来て離婚証書を見ているところからはじまるんです。だから、話し合いはもうすんだあとからなの。いざこざが何にもないというのなら、どうして六人の子供を全部自分が引きとらなければならなかったかということが、私にはちょっとのみこめないんですけれど……。

――松尾さんて、私お友だちですけど、その間の事情はあまり深く伺ったことがないんですよ。けれど、非常にくったくのない明朗な方に見えますね。あのご本読んで面白かったことは、子供さんをあの方流の育てかたをしていらっしゃるところね。ちょっと突っ放したような……。

淡島　子供を自分と同じくらいの大人のように扱ってね。

――あの方のほうが子供に見えたりね（笑）。もうすぐあがるんでしょう？

淡島　ええ、あと少しで――。

――この映画が百一本目なんですってね。すると「好人

©松竹 1961

「ママおうちが燃えてるの」

好日」[※2]が百本目でしょう？　面白いですね。渋谷実さんの「てんやわんや」[※3]があなたの第一回作品で、百本目がまた渋谷先生。

淡島　それがまったくの偶然でね。三年くらい前だったかしら、これで八十本目だっていったことがあったんですよ。これだけ年中休みなく撮ってて、まだ八十本、百本というのは大変だなと思ったことがあったんですけど、まるきり、百本目だなんて忘れていたの。うちで、私の作品のことをいちいち記録とってる子がいるんですよ。その子が、「好人好日」にはいってから、これでちょうど百本目なんですけどって、いとも簡単に言いに来たじゃない（笑）。へえ、渋谷先生が百本目？　これは偶然ねってことで渋谷先生にお話したの。そしたら、先生は、それじゃ記念映画かっておっしゃるから、ちがいます、ちがいます。記念映画だったら、初めから先生にもそのつもりになっていただきますって言って……。

――文句をつけて……？（笑）心構えがちがうってわけね。

淡島　でも先生のもので、「好人好日」は七本目。ラッキー・セブンねって言ったのよ（笑）。

――じゃ別に百本目の記念映画の企画はお考えになるの？

「好人好日」

©松竹 1961

淡島　なにかいいものがあったらそれを記念にしたいと思うんですよ。皆さん三百本目くらいの方もあるし、私のようにデビューしたのが遅いですから、なにも百本といったって、どうっていうことないのにっていわれればそれまでと思ったんですけれども、でもあと次、百五十本というのも中途半端だし、そうすると二百本ということでしょう。二百本までうまく仕事としてやれるかなと思うと、ああ、やっぱり百本あたりで、なにか記念になるようなものをと思って……。

——なにか具体的に考えていらっしゃるの？

淡島　まだ具体的には考えてません。

嫁入り修業が面倒くさくて……

——あなたは第一作の、「てんやわんや」のブルー・リボン賞以来、ずいぶん演技賞をおもらいになっていらっしゃるわね。ブルー・リボンを二回その他賞という名の賞はみんな……。

淡島　そんなこともないんですよ。「夫婦善哉」[※4]のときに、おかげさまで、いろいろいただきました。その時毎日コンクールだけいただけなかったんですけれど、それは翌年いただきました。

——それから菊池寛賞というのがありましたね。あれはどういう賞なんです？

淡島　あれは、やっぱりその年、何かに貢献したという意味でいただくらしいのですけれど、私の場合は、「夫婦善哉」という映画で、映画史的に新しい一つの面を開いたということだったようです。大阪弁の映画というのは、それまでお客が入らなかったものなんですって。それがあれ以来、たいへん大阪もののブームを起したでしょう。大映の永田（雅一）社長が菊池寛賞の選考委員になっていらして、映画界からもそういう人をというので選ばれたんです。映画界でいただいているのは、長谷川（一夫）先生と私というわけです。

――淡島さんというと、宝塚にいらしたせいか、関西の人という感じがしてたんですけれど、東京なんですってね、お生れは……。

淡島　ええ、ぜんぜん東京っ子。多少関西に縁があるというのは父の郷里が江州。母は横浜生れの浜っ子。父は小さい時から東京へ出ていて、江州はあまり好きじゃないんですって。ですからずっと東京です。

――それで東京の女学校を卒業して宝塚へいらしたのね。

淡島　女学校は中退なの。

――宝塚に憧れて？

淡島　いいえ、それがまた変ってるの。私の家では、お嫁入りの支度に、学校以外にいろいろ習わせられるんですよ。お嫁に行って旦那さんと趣味が合わないといけないなんていって。今日はなに、明日はどこといって、お稽古に行くんですが、それが面倒臭くなっちゃって、どこかひとまとめにして教えてくれるところはないかしらと思ったの。それまで姉が、二、三回宝塚を見につれてってくれたことがあったりして、宝塚は学校だしいろいろ教えてくれるからっていうので受けて見たらはいっちゃって（笑）。

――何年間いらしたの、宝塚に？　入学の年から教えるんですか？

淡島　入学してから二年間は、基礎教育で、全くの学校教育、舞台にも何にも出ないの。

――その学校時代、あなたが大変優秀で一番だったんですってね？

淡島　あら、そんなこと……（笑）。

――とにかく頭がよくって、秀才のほまれ高かったって……。

淡島　そんなこと、伝説ですよ（笑）。

――でも学校だから成績表ってのはあったんでしょう。

淡島　それはまあ、一学期一学期たいへんなの。あたしたちが行ってたときには、教室で、成績順に並ばされ

たんですもの。

――それじゃ、成績のいい悪いが一目瞭然ね。

淡島　えーえすっかりわかっちゃうの。だから、たまに舞台で演出をしていらっしゃる先生とか、まあ誰かが教室へはいってくるでしょう。すぐわかっちゃうの、成績が。私たちのすぐ上の級まではね、一学期一学期試験があって、休暇になるでしょう。そうすると寄宿舎にいる子は全部荷物を持ってひきあげるの。それで学校から通知が来なかったら落第。次の学期からは来るに及びませんというわけね。それくらいきつかったんです。

――卒業すれば、全部舞台に出られるわけ？

淡島　ええ、二年間すると、こんどは研究科になって、舞台へ出られるの。そうすると、私たちの時代は三年間は舞台へ無条件で出なければならないの。お礼奉公というわけね。

――そのあいだお給料は？

淡島　もちろんお小遣い程度のものはもらうの。給料といわずにお小遣いというの。それでちょっとお上手になんかするでしょう。そうすると、特賞というのが出るのよ。

――金一封というのね（笑）。莫大なる金一封が？

淡島　ええ。十いくつかの子が百円ももらうといったらたいへんですよ。大学出が初給二十何円というのもあったころですから。

――ずいぶんうれしかったでしょう？

淡島　十円札のまちがいじゃないかと、何べんも見ちゃった（笑）。それで、手紙を書いて家へ送って、神棚にあげてもらったわ。

――それは、何でお貰いになったの？

淡島　『制服の処女』のマヌエラ。

――とにかく、かくも優秀だったわけね。それで映画におはいりになったのは？

淡島　昭和二十五年。

この娘は変わっている……

――宝塚には何年いらしたことになります。

淡島　八、九年ね。予科をいれて十年。

――松竹にお入りになるとき、ごたごたしなかったんですか。

淡島　しなかったわ。大映か松竹かというお話があったんですが、大映は私のカラーに合わないような気がして、結局松竹にきまったんです。その間のことは、みんなママ（淡島さんのマネジャー垣内田鶴さん）がやってくれたんで、こまかいことは知らないんですけれど。

「夫婦善哉」

——松竹では、いきなり「てんやわんや」の花兵さん、でしたか、コメディをおやりになったのね。それは渋谷先生の希望で？

淡島　松竹に入社がきまって、いろんな先生におじぎをして顔を見せてまわったんですけれど、一応佐々木康先生のミュージカルに出ることになっていたんです。そしたら、渋谷先生の花兵役の女優さんがなかなかいないというんで、テストされ、そのとき二人ほど一緒にラッシュをとった方があったんだけれど、私にきまってしまったの。

——なかなかむずかしい先生ですからね、あの先生。

淡島　渋谷先生が、変ってる子だっていっていらしたんですって。初めてお会いしたのは新橋クラブの二階だったのよ。先生はご病気以来おやせになったけれどね、そのころは顔なんかテカテカしていて、真黒で……どうぞよろしくと言ったら、目をギョロギョロさせて、こうやって見られたの。やだな、なに見てるのかしらと思ってものすごくいやだったわ（笑）。へんな声だねだってね……（笑）。

——ああ、あなたの声……（笑）。

淡島　君の声はどうしたんだね。へんな声だねって（笑）。それから歯が大きすぎるっていわれたの。ここの前歯が大きすぎるから切れっておっしゃるのよ。わたし、プンプン怒っちゃったのよ。小学校のとき前歯が離れていたの。それで父が、それは親を早くなくしたり、別れたりする相だというからというので、三年も四年もかかって矯正してきれいにした歯だったわけでしょう。自分では一番得意になってた歯を見て、気に入らないから切れとおっしゃるんですもの（笑）。

——それで結局どうなすった？

淡島　少しけずったの。そんなこと言ったか、なんて、先生今ごろ思っていらっしゃるわよ（笑）。

——でもブルー・リボン賞もらったからいいでしょう（笑）。

淡島　ほんとうにラッキーだったと思います。

——その後もわりといい監督についてお仕事していらっしゃるでしょう？

淡島　松竹にはいるとき、ママがいろいろ研究して、条件を出したんです。ギャラのことは何ともいいません、だけど、この先生に出たら、この先生は使わないということは困るから、どの先生にも使っていただけること、それから脚本はいちおう選ばしてもらうこと、それだけはくれぐれもお願いしますということをお願いしたんですよ。

●●• 何べんやってももういっぺん

――渋谷先生の作品にはほとんど出ていらっしゃるのじゃない？

淡島　出てませんよ。出てるのをいいましょうか。「本日休診」「てんやわんや」「自由学校」「やっさもっさ」「気違い部落」「もず」「好人好日」。

――やはり最初の作品は、いろんな意味で忘れられないですか？

淡島　ええ、まあそうね。「てんやわんや」は、こうやれといわれて、こうやったというだけのことでね。渋谷先生が、私がやれるかどうか心配なんでしょう。自分が出てなくてもセットへ見に来いとおっしゃるの。私、見に行きましたよ。朝から行って、自分が出てないのにじっと見ているとくたびれちゃうのよね。それでいざ自分が出ようというときには、眼がくぼんじゃうの。その顔を見て、先生、これはだめだとお思いになったのね、明日からは来なくてもいいって（笑）。

――最初からお芝居のほうは、楽だったんじゃないですか？

淡島　二日目だったかしら、ロケーションがあったんですよ。私は人に見られるということには慣れているから、群集がいくらいたって平気なのよね。また、あの役は動きが早いでしょう。動きが早いというのは、こっちはもうお手のものですからね。だからまあまあ、先生がおっしゃる通りに動けるわけですわね。それで、セットに帰ってきて二日目だったか、私のセットの場面で、先生、早口でしょう、〝ツブ立ててツブ立てて〟っておっしゃるの。まあ、メリハリのことね。忘れもしないわ、私が屋上から階段をトントンと降りてきて、こうやって見て、パッパッと行く、そういうカットなのよ。何べんやっても、もういっぺん、もういっぺんって、何度でもやらされるの。ツブ立てて、ツブ立ててとおっしゃるんだけれど、そんなパッと降りて行くだけのことで、どうやってツブ立てるのかわからないのよね。それで、おしまいに、情なくなって来ちゃった。撮影所でまわりにいるのは男の人ばかりでしょう。いままで女ばかり見ていたのが、男ばかりで……。

――人には驚かなかったのが男には驚いたってわけ……（笑）。

淡島　それで悲しくなって、半ベソかいていたらOKになったらしいのですけれど、そうなると、なあんだ、これはこわいぞと思わせるために、はじめ意地悪をされたのかなんて思っちゃったり……（笑）。

「てんやわんや」 ©松竹 1950

――ツブ立てるという言葉は、そのとき知っていらしたの。

淡島　ええ、それは舞台でも使う言葉だから。よくツブが立たないとか言いますものね。だけど、いま考えてみると、ほんとに何にも覚えていないですね。ただ、一生懸命やったということだけはたしかなんだけれど。それから、キャバレーかなにかの場面で、捨て台詞を言ってといわれて、ああ、そうかと思って、捨て台詞を言ったらこの人、心臓が強いわねえ言われたこと、それからパチンコ屋で踊らされたこと、それくらいね、「てんやわんや」でおぼえていることといったら……。

●●・木下・小津監督の演技指導

――それから、そのあと木下（惠介）先生の「善魔」[※5]にお出になったでしょう。木下先生はどう？

淡島　木下先生はじっとごらんになるの。これは監督さんの癖なんだな、よく俳優を見なければ、どんなものかわからないから見られるんだなと思って、一生懸命我慢して立っていたんだけれど、ほんとはどこかへ消えていきたい気持なのよね。それに、「善魔」のときには、先生はなんにもおっしゃらないし、おっしゃらないから、いいのかしらと思いながら、とても不安だったけれど、とにかく、あれは私の初めての人妻の役でしょう。やっぱり映画というものはむずかしいと思いましたね。だけどあの「善魔」というのは好きだったな、あたし。木下先生はなにもおっしゃらないけれど、ときどき、ポイントをパッとおっしゃるの。〝そこで羽織の紐をちょっと持って〟とおっしゃるの。なんで羽織の紐を持たなければいけないのかわからないんだけれど、持てといわれたから持ったの。それがずっとつながると、なるほどなと思う。何かがあるんですよ。ああ、先生はポイントをパッと言って下さるんだなと、そのとき思いましたね。なんにもおっしゃらないから、撮影はわりに早いんです。あの時長廻しがあったわ。テーブルを囲んで、新聞記者がきている。そこでずっと喋るところがあるんですよ。本で一頁ちょっとくらいあったかしら。ずっと喋りつづけているのね。私。こんなにしゃべっているんだけれど、このままやっていていいのかしらと思った記憶がありますけれどね。

――小津（安二郎）先生の作品は？

淡島　初めてが「麦秋」[※6]だったわ。

――小津先生はどうですの？

淡島　「麦秋」では佐野（周二）さんと一緒で、こわい先生だということを聞いていたのよ。そしたら、佐野さん、その場になるとほんとに震えていらっしゃるのよ(笑)。私のワンカットのテストがすんで、本番ＯＫになるでしょう。そうすると佐野さん、〝ＯＫになった、よかったな〟とおっしゃるのよ。こんなに長くやっていらっしゃるベテランが、震えていらっしゃるなんてとおどろいたんですけれど、私が新しいので、新しい人と出ると相手のことが気になるものでしょう。だから私のことも気にしていて下さるのかと、申しわけなく思ったんですけれど、それほどこわいのか、これはたいへんと思ったわ。

――やっぱり、こわい時があったの？

淡島　そりゃね。そのとき、お茶碗を持って、〝その話、きめたの？〟というだけなの、いまでも台詞覚えていますけど、それを二十何回やらされたんですよ。しまいには数えられなくなっちゃった(笑)。それで、もうどうしたらいいのかわからなくなっちゃったんです。それがお茶碗を持って佐野さんと二人並んで、結婚する、しないの話なの。それだけなのよ。それがもう、目が早い、手が早い、首が先に回った、目玉だけあとに残った、なにがなんだかわからなくなっちゃったの、首から上がどうなっているのか、手の早さが早すぎる。おろすのがいい遅すぎる、もうたいへん。いまの前の前くらいのがいいですなんておっしゃるのよ。前の前といったって、どんなのだったか困っちゃう。〝はい〟なんて言ったってわかっていないんですよ(笑)。飯田蝶子さんに、〝あたしなんか花か何か持って記念撮影するところを、もっとやらされたことがあるから、あんた大丈夫よ〟なんていわれましたけれど、小津先生には一分ちがってもいけないといったところがあるでしょう。

――見学の人なんかがいると、いくらかおやさしいんじゃない？

淡島　このごろは、ずいぶんお変りになって、やさしくおなりになったのじゃないのかしら。

――笠智衆さんも、小津先生のときは、固くなってしまわれるんですってね。

淡島　まあ、小津先生のことはいろいろなことを言う人がいますよ、お人形みたいだとか、なんとか。でも、私はそうは思わないんだな。そうでなくてはならないという。最高のものだと思うのよ。

●•もう少し色気を出してぇッ！

――それからあなたの代表作は、現在までのところでは何といっても「夫婦善哉」でしょう。豊田(四郎)先生というのは、おやさしそうね。

淡島　うーん、こわい、こわい（笑）。でも、まあ監督さんはみんなこわいわ。私ってこれで人見知りするほうだからだめなの。

――でも、そんなに、こわかった？　豊田先生。

淡島　こわかったたって、やめちまえとかそういうことはおっしゃらなかったわよ。だけど、〝もう少し色気を出して下さい〟そういわれたのよ。もう少し色気を出して……それが大きな声でおっしゃるんじゃなくて、そばへきてボソボソっとそういわれたんで〝はい〟と言ったものの、どうやって色気を出すか、困っちゃって……（笑）。

――でも、女の色気が出たのは、あの時からじゃなかった？　ボソボソでも、こわかったと見えてきいたのよ（笑）。

淡島　いわゆる、さばさばしていてもよかったんですよね。

――女の美しさというのじゃなくて、男で苦労した女の色気というのが、ほんとの色気というんでしょうね。

淡島　あときは、浪花（千栄子）さんと同じ宿で、浪花さんにいろいろお世話になっちゃったんです。

――「螢火」[※7]の淡島さん、よかったと思うんですけれど、これは……。

淡島　五所（平之助）先生。私も好きな作品です。

――「鰯雲」[※8]は成瀬（巳喜男）先生ね。

淡島　そう、あれではじめて成瀬先生。

――成瀬先生もやっぱりこわいですか？（笑）

淡島　私、いわれることはなんともないんですけれどね。ほら、自分で人見知りして、自分から近づかないでしょう。だから言って下さると、ああ、そうですかといって、パッとできるんだけれど、だまっていられると、こっちでもだまって、じっと見ちゃうのが癖なのね。成瀬先生もあまりごちゃごちゃおっしゃらないし、だから、私みんなこわいな。おっしゃらないことが、こわいわね。先生これでいいんですかって聞けばいいんだけれど、先生がなんともおっしゃって下さらないから、まあ、いいんだろうな、って、こう、つい先生の顔をうかがっちゃうの。だから先生のほうも私におっしゃりにくいんじゃないかしら。

――今井（正）さんには出ていらっしゃいませんか？

淡島　「にごりえ」[※9]。

――市川（崑）さんも「日本橋」があるし、黒澤（明）さんがないのね。

淡島　黒澤先生、吉村（公三郎）先生がないんです。

――へえ、吉村さんが？　それは不思議みたいね。どこかでスレちがったのでしょうか。溝口（健二）先生は？

淡島　それが残念ながらないんです。

――最近は、若い監督さんで有能な方も出ていらっしゃるけれど、これからお仕事をなさるのに、こういう監督さんとぜひいっしょに仕事をしたいというような方、あります？　黒澤先生なんか？

淡島　こわいわね。

――こわい……誰でも初めての人はこわいんでしょう（笑）。

淡島　こわがりのお景ちゃんなの、ほんとに（笑）。それは、私なんかの出られるものがあったら、出して戴きたいわよ黒澤先生、稲垣（浩）先生、それから吉村先生。

●● 大事なイキの合ったコンビ

――昨年、森繁さんと芝居をなさったでしょう？　舞台のほうへの気持は？

淡島　一年にいっぺんは舞台に出たいと私は思っているんですけれど、舞台もなかなかむずかしいんですよね。私たちの場合は、新劇でも、新国劇でも、新派でも歌舞伎でもないというものをやるつもりなんですよね。だから、出しものが問題ですし、森繁さんが東宝でやっていらっしゃるので、なかなか自分の思う通りにはいかないらしいの。その点、私はフリーだから、舞台をやろうと思えばやれるんです。映画は、七月なら七月で終るものを作って、あとをあけていればいいんですから。

――森繁さんとは、いいコンビで、おしいですね。

淡島　花柳（章太郎）先生もおっしゃるの、コンビはそう簡単にできるものではないから、大事にしなさいといって下さるんですけれどもね。コンビといっても若いうちのコンビはいいけれど、私たちくらいになると、マンネリなんかというふうにいわれるじゃありませんかと、私、花柳先生にいったんですよ。そしたら、それは見るほうにしてみれば、ピッタリ合ったものを見たいものなんだから、イキの合ったコンビは大切だって。

――自由劇団[※10]というんでしたね。

淡島　大阪の舞台でも、またやって来ますからなんて、団長としてはうまいこと挨拶なんかしちゃって（笑）。

――森繁さんとしてはヨットも走らせなきゃなりませんからね（笑）。でも、他の芝居から誘いが来るでしょう。

淡島　ええ、きます。新派からは松竹時代からよくいわれているんですが、どうも私自身が魅力を感じなくて。

――では、いろいろありがとうございました。

（61年10月下旬号）

※1「ママおうちが燃えてるの」
松竹・61 監督：川頭義郎 出演：淡島千景、鰐淵晴子、倍賞千恵子 ママはパパと離婚した後引き取った6人の子供たちを育てるために、放送局で録音機を担いで必死に働いた。子供たちにそれぞれトラブルを起こされながらも、ママは末っ子が飛び立つまではと、今日も録音機を肩に町に出ていくのだった。

※2「好人好日」
松竹・61 監督：渋谷実 出演：笠智衆、淡島千景、岩下志麻 数学以外は全く無関心の夫を持つ妻に降ってわいた娘の縁談騒ぎ。親子の愛情と娘の青春をユーモラスに描いた渋谷実的コメディ。

※3「てんやわんや」
松竹・50 監督：渋谷実 出演：佐野周二、志村喬、淡島千景 宝塚から転出した淡島千景の映画デビュー作。気の弱い総合雑誌の社員が四国独立運動を夢見る連中にからまれ、その騒動に巻き込まれる。

※4「夫婦善哉」
東宝・55 監督：豊田四郎 出演：淡島千景、森繁久彌、司葉子、山茶花究 売れっ子芸者の蝶子と問屋のドラ息子・柳吉は駆け落ちし所帯を持つが、柳吉は働きもせず勘当された実家に金をせびりに行く。蝶子はそんな柳吉を捨てることなく生活費を稼ぐ。日本的デカダンスな夫婦を当時の大阪の風俗をじっくりと描いた傑作。

※5「善魔」
松竹・51 監督：木下惠介 出演：三国連太郎、淡島千景、桂木洋子、森雅之 三国連太郎（役名）のデビュー作。ブルジョワのマダムの離婚騒動を追う二人の新聞記者。記者という世間的に特権エリートのモラルを追及する。

※6「麦秋」
松竹・51 監督：小津安二郎 出演：原節子、笠智衆、三宅邦子、淡島千景 婚期を逃し掛けている娘を、両親、兄夫婦が心配するが、本人は兄妹のように親しく付き合っていた子持ちの男と結婚してしまう。

※7「螢火」
歌舞伎座映画＝松竹・58 監督：五所平之助 出演：淡島千景、若尾文子、森美樹 伏見の船宿『寺田屋』のおかみ・お登勢。ある日、『寺田屋』に逃げ込んできた坂本龍馬に好意を持つが、その龍馬は娘お良に惚れてしまう。お登勢は追手から二人をかばい逃がしてやる。

※8「鰯雲」
東宝・58 監督：成瀬巳喜男 出演：淡島千景、新珠三千代、小林桂樹 東京近郊の農村を舞台に、農地改革で貧しくなった農家に起きる様々な問題を描く。

※9「にごりえ」
文学座＝新世紀映画＝松竹・53 監督：今井正 出演：①丹阿弥谷津子、②久我美子、③淡島千景 樋口一葉原作のオムニバス作品。第3話に淡島千景が出演。酌婦のお力の色香に迷った源七は彼女と別れた後もまとわりつくが、お力もそんな源七を嫌わずにいる。一方、源七の家庭は崩壊寸前になっていた。

※10 自由劇団
59年、淡島は舞台に進出しようと森繁久彌とともに結成した劇団。森繁とは『夫婦善哉』『佐渡島他吉の生涯』などで共演、他には『ぼんち』で市川雷蔵、『紙屋治兵衛』で長谷川一夫、『花の生涯』で尾上松緑と共演している。

渋谷実監督を中心に、名匠の作品群

小藤田千栄子

取材のときは「ママおうちが燃えてるの」（1961年／川頭義郎監督）撮影中のころだった。同年の、少し前の作品「好人好日」（渋谷実監督）が、100本目の作品になるという。淡島千景は、渋谷実監督の「てんやわんや」（1950年作品）がデビュー作だから、ほぼ10年で、100本の映画に出たことになる。いかに映画の全盛期とはいえ、10年で、100本は、やはりすごいなあと思う。

このインタビューでは、第1作の「てんやわんや」で、早くもブルー・リボン賞を受賞して、以後「夫婦善哉」を頂点に、いくつもの受賞のことにふれている。「夫婦善哉」がヒットするまで、映画の世界では、大阪弁の映画というのは、あまり人が入らないと言われていたようだ。

淡島千景は、「夫婦善哉」で、さらに名を高めたので、大阪出身と思われがちだが、実は東京っ子だ。宝塚出身も有名な話だが、お稽古ごとを、いろいろと教えてくれるところだというので、受験したのだという。とても優秀だったようだ。

映画デビューの時代のことも、詳しく語っているが、渋谷実監督作品が多かったことに、あらためて気づく。「てんやわんや」「自由学校」「やっさもっさ」「本日休診」「気違い部落」「もず」「好人好日」など。

さらに木下惠介監督「善魔」、小津安二郎監督「麦秋」、今井正監督「にごりえ」などについても語っている。

若尾文子

平凡な私はカメラワークからはみ出すくらいに、その時の気持ちに応じて動くほうが、迫力が出るんじゃないかな

わかお・あやこ（1933年11月8日〜）

東京都荒川区生まれ。戦争激化にともない仙台に疎開。県立第二女子高校に進学し、当時、その美少女ぶりが目立つ存在だった。在学中に長谷川一夫が主宰する新演技座に入り、51年に長谷川の紹介で大映に入社。翌52年「死の街を逃れて」でデビュー。53年に「十代の性典」シリーズでスターとなり、同年、巨匠溝口健二監督の「祇園囃子」に起用されて名を挙げ、「赤線地帯」56では初の大人の役に挑み、溝口監督からは及第点を貰う。57年には増村保造監督との第一作「青空娘」に主演、このコンビは後に数々の傑作を誕生させることになり、「偽大学生」60、「妻は告白する」61、「『女の小箱』より・夫が見た」64、「清作の妻」65、「刺青」66、「華岡青洲の妻」67など多数ある。他にも「浮草」59、「雁の寺」62、「しとやかな獣」62、「越前竹人形」63、「男はつらいよ・純情編」71など、日本映画の巨匠たちとコンビを組み、トップに君臨している。

彼女は自分が体験したこと、感じとったことをすなおに自分のなかに滋養として、着々と充実し、円熟していっている。自ら平凡といっている彼女のそんな普遍性のなかにこそ、大女優が育ってゆくのではあるまいか。

緊張の連続だった「妻は告白する」

――「妻は告白する」[※1]は、だいぶきついお仕事だったらしいですけれど、もう終ったんですか、無事に――。

若尾　ええ、終りました。昨日、夜までかかりましたけれど。

――ほっとなさったところ？

若尾　あたし、ほんとに無器用っていうのか、融通がきかないっていうのか、特別に神経使うんじゃないかと思うんですよ。もうちょっと芝居は芝居、それ以外のことはそれ以外のことって割り切ればいいんですけどね。もちろん割り切れるようなときもありますけれど、でも、今度の仕事のような場合は、朝から晩までそういった、緊張みたいなものを保っていなければいられなかったんです。

――こんどぐらい緊張なすったことははじめて？

若尾　ええ。もちろん、ずいぶん前に「赤線地帯」[※2]のときのように、自分の年齢とか環境とかいうものにあんまり遠くって、自分でもどうしてもうまくできないんで苦しんだといったことは、いろいろあるんですよ、ずいぶんいままで。

――つまり役の理解に苦しんで？……

若尾　ええ、そうなんです。でもこんどのはそういうことじゃなくて、なにか、とても異常な状態に追いこまれた女の話でしょう。

――すると、その主人公自身が非常に緊張した、異常な神経状態になっているってわけ？

若尾　ええ、だもんですから、余分といえば余分なんですけれどもね、それいらい、そういうあたし自身の神経の消耗はね。そんなんで、もうなんかガタガタになっちゃって……。

――裁判劇みたいになってるんですか？

若尾　裁判劇ではなくて、むしろ心理劇ですね。

――文芸春秋に原作が出ていたというんですが、どんなお話なんですか？

若尾　筋は簡単なんですよ。孤児で、ひどい境遇に育った娘が、自分の力で薬剤師になって独立しようと思って奨学資金で勉強してるんですよ。アルバイトに助教授

の仕事を手伝ったりしているんだけれど、とてもひどい生活で、栄養失調になったり、いつでも死んでしまいたいと思うくらい、みじめな境遇にいるんですね。そんな状態にいるときに、たまたま、その助教授の気まぐれみたいなものの犠牲になって、結婚するんですね。

――その助教授の役が小沢栄太郎さん？

若尾　ええ、そんなので、最初からひどく喰いちがいのある夫婦なんです。年齢もだいぶちがうんです。そこへ夫の仕事の関係の若い男が、やってくるようになる。その男のやさしい言葉なんかにふれて、こんなこともこの世の中にはあるのかしらということで、あたしは少しずつ目覚めてゆく。あたしとその川口浩さんの若い男との間には、まだ何にも関係がないんですけれどもね。その夫が二人の間を嫉妬して……というか、その心理もちょっと異常なんですけれど、彼は山登りが非常に得意なので、妻のあたしと、その愛人と思っている若い男とを山登りに誘い出すんです。むずかしいところへつれて行って、いじめてやろうという気持でつれだすんですが、それが彼が足をふみすべらして落っこちて、宙吊りになるんです。

――ああ、それで、まんなかにいた妻が、下にぶらさがっている夫との間のザイルを切って、助かるというのね。それが、殺人になるかならぬかという話で……。

若尾　ええ、その裁判のところから、はじまるんです。

――どうでした、そういうむずかしい心理劇をやってごらんになって、むろん、らくではなかったでしょうけれど、おもしろい、もっとこんなのをやりたいなんて……（笑）。

若尾　おもしろいところまではいきませんでしたね。

――ラッシュごらんになってみた？

若尾　ええ、見ました。自分でおもしろいなんてところまで、いまのところなかなかいかないんですけれど、でも、なんかねこういう異常なものというのは、ともすると現実離れがしがちですね。異常は異常だが、しかし実際に、この現実のどこかの片隅で、こういう話もあり得るというようにやらなければいけないと思ったんです。それが成功したかどうかはわかりませんけれど、自分で、そういうところを一度通ったということは、すごくいろいろなものが身についたような気がするんですけれど……。

――増村（保造監督）さんのお仕事はいろいろやっていらっしゃいますね。あの方、ひところの日本映画のヌーヴェル・ヴァーグであったと思うんですけれどね。こんどの撮影は、また変ってました？

若尾　ええ、変ってましたわ。いちばん感じたのは、こんどは、ものすごくショットがこまかいってこと。それと台詞の言葉が、言葉だけ聞いていると、たいへんロマンチックな、文学的とでもいった言葉が多いんですね。たとえば、あなたを愛しているとかわたしは夜夢を見るとかね。そういう言葉に、けっきょく現実感を持たせなきゃならないでしょう。そのためたいへんゆっくり、リズムをつけないで、なるべく訥々としゃべらなければならないんですね。台詞を覚えたとおりしゃべるとますます現実離れしちゃうから……。

●・増村監督の注文は文学的

――増村さんの仕事には、よく出ていらっしゃるでしょう、なにが初めてでした？

若尾　「青空娘」[※3]からですけれど、それからよく出してもらっていますね。十本くらいになるかしら。でもね、完璧な主役をやらせてもらったというのは、今回がはじめてなんですよ、あたし。

――監督さんとしては、いちばん沢山撮ってもらってらっしゃるわけね。

若尾　お付き合いはすごく長いんです。あたしがデビューのとき、増村さんが助監督さんで、あたしが手も足

「青空娘」

も動かせないで、どうしようもないときに、監督さんにあたしを預けられて、お前、責任をもって指導しろと言われ、面倒見ていただいたのを覚えていますから、ずいぶん前からですね。

――じゃ、あなたも気心がわかっているでしょうに、向うも、なんでも言いやすいでしょうね。

若尾　お仕事のとき以外、別に世間話一つしたことがなかったんですけれどね。でも、人によって、増村さんのおっしゃることがわかりにくいって言う方が多いんですよ、増村さんの注文が……。

――どんなふうにおっしゃるの。ひどく抽象的なの？

若尾　いいえ、あたしは抽象的とは思わないんですよ。たいへんわかりいい、いろいろな意味のことを、ひとつの言葉でパッと言うのね。たとえば、そこは悲しく、たのしくやってなんて（笑）。あんまり文学的すぎちゃうのね。あたしなんかは、わりあい慣れてますから、なんか、その場の雰囲気みたいなもので、その意味がとってもよくわかるんですけれど、慣れない方はそれでギュウ、ギュウやられて、恨んでる方もあるわ（笑）。

――増村さんて、作品からだけでも、それ、想像できますね。でも初期の作品はとても面白かったけれど、最近、少し撮りすぎていらっしゃるのじゃない？　ちょっと間をおいて、よくねってなさるといいと思うんだけどな。

若尾　やはりやりたくないものでも、半分は会社から無理にやれといわれておやりになるものもあるから……。

――会社の言うことを、いちおう唯々諾々ときいて、点数稼いどいて、こんどは自分の好きなものをあいだに一

「妻は告白する」撮影風景

本でも二本でもいれてゆくという戦略もありますからね。俳優さんの場合だって（笑）。

若尾　だけどほんとに会社から言われたのを断わるということは、至難の業なんですよね（笑）。ほんとに。だから、泣く泣く気がのらないでおやりになったことも、ずいぶんあるんじゃないかとは思いますね。

――あなた自身の経験にひきくらべて……。

若尾　ひいきが過ぎるといわれるかもしれないんですけれど、あたしは増村さんを信頼しているもんですから……（笑）。

●● いまはもう女優が天職

――あなたも、もう作品、ずいぶん多いでしょうね。

若尾　最近あんまり数えていないんですけれど、まだ百本にはなりませんね。来年あたり、それくらいになるんじゃないかと思います。

――やはり、溝口（健二）先生の「赤線地帯」あたりから、このお仕事が面白くなりました？

若尾　いえ、あたしがほんとうに仕事をこれはあたしの職業なんだし、あたえられた天職なんだというように、自覚したというのは、ほんと言うと「女経」[※4]からなんです。

――「赤線地帯」のときは、夢中でやったというわけ？

若尾　ええ、あれも一生懸命やったんですけれどね。一生懸命やったから結果がいいというものではないんですね。やっぱりこういう仕事は、自分の判断で、ちゃんと役を客観的に眺められるような余裕ができてこないとよくないですね。溝口先生のときには、なんていうのかしら、一生懸命にやっても、それはけっきょく溝口先生に叱られないためにやっているだけみたいなもので、ほんと言うと、自分ではどれがいいんだか、わるいんだかわからなかったみたい。

――でも、あのとき若尾さんははじめてじゃなかったかしら、ああいう、ガメツイみたいな女の役をおやりになったの、それが、たいへん面白かったと思いますね。

若尾　あのころとしては大飛躍だったのよ。なんだか、真暗な部屋にとびこんで、どこから出ようかしらと探しているありさまだったんです。

――暗中模索というところ？（笑）あの時まで、若尾さんというと娘役とだけしか考えられなかったのが、あれで、あなたの別な味がひきだせたような感じがしましたね。あなたって、会って見ると、大変、すなおでいらっしゃるのに（笑）、ちょっと、あれで、あんなガメツイ面があるんじゃないかなんて誤解しましたね（笑）。あれ以来かどうか、あなたには、ああいうクセのある役が、案外多くなったんじゃないですか？

若尾　多いですね。一時、それで娘役みたいな感じを引っくり返すということもあったんでしょうね。

――あなた自身はどうですか、そういう役？　「女経」の主人公の女給さんもそうでしたね。

若尾　同じガメックでも、人間的にニュアンスのある役だったらいいですね。そういう役もいっぱいやってきたいですけれど、やっぱりもっとちがったもので……。

――というと、娘役とか、美しい人妻役とか？

若尾　今度の「妻は告白する」の役なんかは、そういう意味では汚れ役ではなくてたいへんきれいな役だと思うのですけど、精神的に。

――人間的なものでね。

若尾　ええ。あたし、自分でそう思うんですけれど、きれいということは、やっぱし精神的なものですね。

――では、映画の、まあ男なら二枚目どころの役、女なら、メロドラマの娘役とか若妻なんかのきれいごとの役、そういうものには、もう意欲を感じないですか？

若尾　いいえ、やっぱり、それは感じます。あたしたち映画の俳優は、そういう主役でお客さんをひくんですから。その点、アメリカ映画はいいと思うんですよ。あたし、アメリカ映画が好きなんです。主役の女は、たとえ悪女でも、最高にきれいに撮って、いいところを見せてくれるでしょう？

●• 仕事中は睡眠薬のご厄介に

――ところで、この次の作品は？

若尾　吉村（公三郎）先生で「家庭の事情」というのにはいります。

――源氏鶏太さんの原作ね。

若尾　ええ、停年のお話。親爺さんが停年になって退職金の五十万円を娘四人にわけるお話です。

――吉村先生のものも、割合多いんじゃないですか？

若尾　いえ、あんまりないですね。

――このあいだの「婚期」があるし……。

若尾　「夜の素顔」があります。

――ああ、京マチ子さんが踊りの家元で、あなたが内弟子の。あの役も、イヴ的で面白い役だったじゃない？

若尾　あの当時は、あんまりああいう役がなかったですから。

――そうね、このごろはイヴ的女性があまりにも多くってね、映画でも、実社会においても……（笑）でも吉村先生というのは、昔から女優さんを育てるのがうまい監督さんですね。そんなこと感じます、演出されてて？

若尾　吉村先生って、人の醜いところとか無理なところというのは、必ずカヴァして下さいますね。監督さんによっては、そんなことおかまいなしに、全部さらけ出させ、それから顔だって、とくにこのほうが迫力が出るから、汚く撮ってやろうという方もいますけれど、吉村先生はそういうことがないですね、若尾ちゃんなら、こういう点がいいから、この点だけというふうに、その点はもう……。

――そういうところが、昔の大船の監督さんらしいところじゃないかしら。

若尾　ただ、あたしの場合、なんかそういうふうに形がきちっときめられちゃうと身動きができないんですよ。

――放っとかれたほうがいいわけ？

若尾　ひとつには、そういう演出に慣れてないんですね、そこでもって目をあげてそこでもって手をおろして、といったふうのに慣れていないんですよ、きちっときめられたワクのなかで動くということに。

――それじゃ小津（安二郎）先生みたいになったらたいへんね。吉村先生もそうですか？

若尾　わりあいにそうね。コンテがきちっとできていて、だから撮影に入って、あのシーンはどうなんでしょうかと伺っても、そのときにパッと話して下さるようなな……。

――じゃ、自分でも演技して見せたりなさるほう？

若尾　ちゃんともう絵ができていて、黒板に絵が描いてあって、たいへんわかりよくて親切なんですけれどね。

――けれどって？

若尾　ただ、あたしの場合は、柄がたいへん平凡、まあ、自分の口から平凡と言うのも変ですけれど、そう強力なものがないから、きちっとしたワク内で、きちっときめられた芝居をすると、うっかりすると、なんにもそこに、面白いものもなきゃ、おかしいものもないということになりかねないと思うんですよ。やっぱりカメラワークのなかで、多少はみ出すくらいに、そのときの気持の流れに応じて動けるほうが、迫力がでるんじゃないかなと思うのですけれど……自分では。

――そうね、あなたのタイプは、非常に普遍性というか、そういうものがあってそれがけっきょくのところは、映画では一つの強味だと、わたしなんかは思いますけれど、下手すると、あなたの言うようになってしまうおそれもあるわけね。

若尾　ええ、そうなりたくないと思っているんです。

――このあいだ会をなさったわね、落着いて面白い会だったと思うんですけれど、あなた自身はどうでした？　なにか、みんな勝手なおしゃべりをたのしんだけれど、得るところありました？　結婚しろとか、しちゃいかんとか、みんな勝手な注文があって……（笑）。

若尾　そうね、結婚しなさいという方もあるし、恋愛はしなさい、だけど結婚はしちゃいけないなんて……（笑）、あたしは、みんなの言って下さること、それぞれ、ああ、そうだな、と思うから、どうしていいかわからなくなっちゃったり……（笑）。

――あのとき、薬を飲んだりしなければ眠れないことがあると言っていらしたけれど……。

若尾　そうなんです。

――それ、仕事でだけ？

若尾　ええ、仕事でだけなんです。

――仕事がすめばケロリ眠れる？

若尾　すんでも、二、三日は戻りませんね。でも、あたし、これは自慢できないことだと思っています。仕事中は不眠症にかかりますなんてことは、あんまり堂々といえませんね。でもこればっかりはどうにもならないんです。

――でも、それはお察しできますよ。誰だって、仕事のことでは眠れないほど緊張することがありますからね。

●・結婚生活との両立にも自信

若尾　それとよく考えたら、自分の仕事に対する緊張とか、そういったものもあるんですけれど、なんていうか、周囲でもっていろいろと、もちろん、たいへん愛情があって言って下さる人は別として、妙に、これが彼女の勝負だとか、これ一本でどうとか言われますでしょう、そうすると、なんか仕事だけの緊張以外に、負担みたいなものがのしかかってくるような気がするんですね。

――ジャーナリズムや、映画界の雑音がね。でも、いまは、大いにこれまでとまたちがった気持になっていらっしゃるわけ？

若尾　ええ、大いに……。これまでは、自分なりに考えてはいたんですけれど、あんまり、自分が自分の仕事にはいりすぎちゃっていてね、囲りを見る余裕がなかったみたいなんです。それが、最近になって、やっぱり、やや自分が、一回外に出て、客観的に自分の周囲とか、まあ、大袈裟に言えば人生とかね、そういうことを、外から眺められるようになってきた。それだけに自分の仕事の意義ですね、それから自分がこの仕事を離れてしまったときの自分ってものを考えると、おそろしくなっちゃうんですよね。自分には、これ以外なんにもないわけでしょう。そういうわけで、自分と自分の仕事に対してたいへん責任を感じたわけなんです。

——つまり、これ以外に何もないと感じたということは、これ一すじに生きてゆこうという気持に通じるわけじゃないかしら。

若尾　そうですね、ほんと。

——女だから、やっぱり結婚なんてこともいろいろ考えていらしたでしょう？　いまはそれをどんなふうに考えてるの？

若尾　それがね、あたし、結婚したいな、しようと思うようになったのは、ほんとに最近なんですよ。[※5] 仕事に意欲というか、はっきりした気持が出て来たと同時に、初めて結婚もちゃんとやって、両方やっていけるんじゃないかという自信が出てきたんです。いままでは、結婚に対して自信もなかった。逆なんですよ、よく、女は結婚したいと思っているから、仕事にもグラグラして腰がすわらないんじゃないかなんていわれますけれど、そうじゃないんですね。これからなら男性も自分でちゃんと見て、自分できめて……。

——ちゃんと評価して？

若尾　ええ、ちゃんと評価できますね、今だったら……（笑）この人と思ったら……。

——でも恋愛したら評価できないんじゃないかしら、盲目っていうから……（笑）。いまは評価できると思っていても……。

若尾　そうかしら……（笑）自信なくさせないで下さいよ（笑）。まあ、いまだったら、やっぱり誰にも相談しないで、自分だけでパッときめて結婚できるわ。

——恋愛に恋愛するという時はもうすぎたわけですか？まあ、結婚の相手として愛情が持てなければ困るけれど、つまり、カッカとする恋愛というより、もっといろいろな条件を考えて現実的に評価して……。

若尾　ええ、現実的に、この人だったら決して自分にとって邪魔に……ということはないけれど、まあ、マイナスにならない……（笑）、といって、欲ばって大きなプラスも望まない、お互いに傷つけ合わないでお互いがうまく、おぎない、役立ちあっていける人だったら……。

——それには、最近良き例が、世間にちょこちょこありますから、自信持てるでしょう。いまの方は、お互いに仕事を持ちながら、結婚して、ちゃんとやっていらっしゃるから。

若尾　でも、同じ仕事を持っている人というのは無理だと思うんです、あたしは。

——そう？　どうしてです？

「妻は告白する」

若尾　同じ仕事といっても、俳優ですよ。

――同じ映画界でも、俳優以外ならいいの？　あまりわかりすぎるから、俳優同士は？

若尾　じゃなくても、俳優というのは、真剣にやれば、どうしてもしのぎをけずることになるし、男だから、女だからということはないと思うんですよ。そうかといって、あたしなんかやっぱり自分の旦那さんだとすれば、多少立てたいという古風なところがあるから、どうしても自分の仕事をセーブするでしょうし、そうすれば、自分のマイナスになるし、きっとね、両方うまく、あたしは割り切れないと思うの。

――なるほどね。それじゃ、若尾さんは結婚についても、真剣に、現実的にお考えになる、いよいよ？

若尾　考えていますす、いまや一生懸命（笑）。

――ところで、現実にいい候補者があるの？

若尾　そうね（笑）。探しています（笑）。

●夢は紐育で芝居を見ること

――水木洋子さんの話だと、あなたも心霊学かなにかの研究で、霊をよび出す実験を見にいらしたんだって？

若尾　そうなんです（笑）、行ったんです。

――なにか面白いことがあって？

若尾　あたし、好きなんですよ、あんなことが。暗いなかに坐っているその人の顔をじっと見ていると、ちょうど夜光塗料を塗ったみたいに、ぼんやりと、肉眼で見えるか見えないくらいに白く、霊の顔が浮んで見えてくるのね。たとえば、あたしならあたしの体についている霊というのがあるわけです。先祖からのいろいろな霊が、あたしには十人くらいついているんですって。地球には、死んだ人のほうが多いからいっぱい霊がいるわけですよね。そのあたしについてる霊が出てきて、いろいろいうんです。

――死んだ霊ばかり？

若尾　それが、生きてる人の霊も呼びだせるんですよ（笑）。そして、いろいろ聞けるんです。

――それで、なにか心当りのあるようなことをいわれたの？

若尾　人にはいろいろと自分で意識しない欠点みたいなものがありますでしょう。それを指摘してくれるんですね。

――それで心機一転したという……。

若尾　それほど神がかりではないんですよ（笑）。でも、いろいろ不思議なことはありますよね。

――ところで、これからのあなたの仕事として、来年のホープは？「雁の寺」[※6]はどうなりました？

若尾　あれはやれることになったんです。

――それはよかったですね。そのほかになにか大きな企画は？

若尾　いろいろ考えていることはあるんですけれど、まだ発表できないんです。

――じゃ、こういうことをやってみたいといった莫然たる希望でも？　最近、映画界も国際的になってきて、合作とか、外国スタアとの共演なんてことも、まんざら夢でなく、現実的に考えられるようになったでしょう？

若尾　あたし、外国スターと一緒に共演できるのなら、ほら、シャーリー・マックレーンの弟という……。

――ウォーレン・ビーティ。

若尾　ええ、あの人。それから、これはあたしの夢なんですけれど、来年あたりアメリカへ行きたいんです。ニューヨークへ行って、芝居を見てきたいんです。これは有吉佐和子さんにも勧めていただいたんですけれど、向うへ行けば、絶対になんとかなるし、大丈夫って太鼓判押されちゃったんです。ブロードウェイで芝居を見たら、大変いいって。人によっては、別にアメリカの芝居を見たからってなんにもプラスにならないという人もいるんですけれど、でも、そういうことはないと思うんです。

――わたしもそれはあなたの滋養になると思いますね。

若尾　あたしのいちばんの望みは、月並だけれど、日本映画は、まだ割合文化人に認められないですよね。しかしあたし自身そういう人たちにも認められ評価されるような女優になりたいということなんです。大衆ということはいちばんに強いとは思いますけれど……。

――どうもありがとうございました。

（61年11月下旬号）

※1「妻は告白する」
大映・61　監督：増村保造　出演：若尾文子、川口浩、小沢栄太郎　北穂高に挑んだ三人のパーティで一人が転落死した。死んだのは大学助教授、宙づりになった彼を支えるザイルを切ったのは妻、もう一人助かったのは製薬会社社員で、妻の愛人だった。さて、ザイルを切ったのは故意だったのか、妻に殺意がなかったのか、裁判が始まる。

※2「赤線地帯」
大映・56　監督：溝口健二　出演：三益愛子、若尾文子、木暮美千代、京マチ子　売春防止法が成立する直前の赤線にたむろする様々な売春婦の生態を描く。若尾文子は汚職で入獄中の父親の保釈金を稼ぐために身を落と

した女かすみ役。

※3　「青空娘」

大映・57　監督：増村保造　出演：若尾文子、菅原謙二、品川隆二　複雑な家庭の事情で祖母に育てられた娘は、祖母の死によって本当の母の家に引き取られる。最初は女中扱いされるが、その天性の明るさで周囲の人々を元気づけるのだった。

※4　「女経」

大映・60　監督：①増村保造・②市川崑・③吉村公三郎　出演：①若尾文子、川口浩、②山本富士子、船越英二、③京マチ子、中村鴈治郎　村松梢風の同名小説を映画化した三話からなるオムニバス作品。第一話は結婚を翌日に控えた社長の息子がホステスと一夜をともにする。すると息子は自分を本当に愛してくれるのはこのホステスではないかと悩む。

※5　若尾文子の結婚

1962年6月、休暇でヨーロッパに出かけたときに、前回の旅行の時に知り合っていた西舘宏幸氏と再会。一緒に訪れたローマでプロポーズを受ける。返事はいったん保留するが、帰国して1週間後に了承の手紙を出す。翌63年2月3日、身延山で結婚式を挙げる。68年に離婚。

※6　「雁の寺」

大映・62　監督：川島雄三　出演：若尾文子、木村功、三島雅夫　厳しい戒律の〝雁の寺〟の住職は愛人とただれた生活を送っているが、それを覗き見る少年僧のしいたげられた生活。やがて愛人に横恋慕した少年僧は住職を殺害する。

©KADOKAWA 1960

「好色一代男」

「妻は告白する」出演のころ

小藤田千栄子

代表作のひとつ「妻は告白する」（1961年／大映東京。増村保造監督）の撮影が、終わったばかりのころの取材である。若尾文子は、増村保造監督との仕事が多かったが、このインタビューでは、ごく初期のころから、いくつかの作品について語っている。

さらに過去の作品への言及が、読ませる。女優が天職だと自覚したのは「女経」（1960年／大映東京作品）からだとは、やや意外感があった。これは3話よりなるオムニバスで、若尾文子は、第1話『耳を噛みたがる女』（増村保造監督）に主演していた。会社社長の跡取り息子（川口浩）と、キャバレーのホステスとの話だが、話の展開は、かなり凝ったものになっている。

この時代の若尾文子の出演作は多くて、数えてみたら、1961年は11本もあった。この取材では、「まだ百本にはなりませんね。来年あたり、それくらいになるんじゃないかと思います」と。映画全盛期の女優さんたちは、本当によく働いたとも思う。

私生活、とりわけ結婚について、ズバリと聞いてしまっているのも、この取材の特徴だ。

「あたし、結婚したいな、しようと思うようになったのは、ほんとに最近なんですよ」。

さらに「いまだったら、やっぱり誰にも相談しないで、自分だけでパッときめて結婚できるわ」と、はっきり。いまだったら大騒ぎになりそうな発言を、堂々としているのが大きな特徴でもある。

水谷良重

（二代目・水谷八重子）

新派の型といっても、私は古いものはやらせてもらえません。新作ものには手本がありませんから、自分なりにやらせてもらいます

みずたに・よしえ（1939年4月16日〜）

東京紀尾井町生まれ。父・守田勘彌、母・初代水谷八重子。本名・松野好重。文化学院高等課程に進学。幼時から両親の影響で舞台に上がり、映画には57年「青い山脈」に初出演。以降は「悪徳」、ミュージカル「煙突娘」58、「未婚」59、「妖刀物語・花の吉原百人斬り」「からっ風野郎」60、「悪名」「好色一代男」61、「赤い靴とろくでなし」63など、各社を股に大活躍が続き、その一方で歌手としても一時代を築く。しかし60年代半ばごろからは舞台に専念するようになり、79年に母が死去してからは新派を支える大黒柱となる。その間、映画には「喜劇・とんかつ一代」63、「あばれ騎士道」65、「眠狂四郎多情剣」66、「眠狂四郎女地獄」68、「現代やくざ・与太者仁義」69などに出演。95年には二代目水谷八重子を襲名している。

©東映 1960

年に一、二本ていどの映画出演で、あっさり60年のNHK助演女優賞をさらってしまった可愛い女傑。スカッとした話ぶり。秀坊という名前より、ママという言葉がたびたび出るママ想い。一見八方破れのだだっ子のように見えて、なかなかどうして芯は折目正しいお嬢さん
——いやもう立派な若奥さまである。

●●手も足も出なかった「花の吉原百人斬り」

——60年にNHKの女優賞をお貰いになったんですね。
水谷　助演女優賞なんです。
——キネマ旬報の女優賞の選考でね、山本富士子さんと岸惠子さん、それにあなたとの三人が、最後まで残ったそうですよ。
水谷　たいへんだ（笑）。
——毎日コンクールでは、あなたが主演と助演の両女優賞に割れたため、損をなさったんだって、ききましたわ。
水谷　そうですか？
——去年「花の吉原百人斬り」[※1]と「夜の流れ」[※2]と二本で、よいお仕事なさったためでしょうが、「花の吉原百人斬り」では、だいぶ苦労なさったんじゃない？
水谷　たいがい仕事が終りますと、ああ終った、とうれしいんですけれど、「花の吉原百人斬り」は、撮影のすんだあと、ああ、だめだったな、できなかった、できなかったって、その連続で、仕事が終ってもちっともうれしくなかったです。だから、あの仕事が終った日、松蔦さんがほめて下すったんですが、なんだか慰められてるみたいで……（笑）。
——でも、自分でも、ある程度やれたという気持はなさらなかった？
水谷　ええ、しませんでしたね。むずかしくって、もう、ほんとに、手も足も出なかったという気持。
——こんどの作品は杉浦幸雄さんの漫画からの「漫画横丁・アトミックのおぼん」[※3]ですね。
水谷　ええ。
——それからあと、なにかあるんですか、映画が？
水谷　大映で、雷蔵さんとのものが二本あるんです。その一本が「好色一代男」[※4]です。吉野太夫という役で、二日間くらい出ればいいんですけれど。
——太夫で見こまれちゃったってわけですね（笑）。
水谷　あと、橋幸夫さんと雷蔵さんの「おけさ唄

「妖刀物語・花の吉原百人斬り」

えば[※5]」。

——毎年、映画は何本くらい？

水谷　さあ、いままでは一年に二本撮ったのが多いほうだったわ。

——でも、今年はこのぶんだと、多くなりそうね。これまで少なすぎたんですね。映画と、それから舞台というのは、やはりお母さまの関係でおはいりになったの？

水谷　まあこういう家庭に生活しまして、大きくなって母の仕事の、舞台に自分も立つというのが、とっても自然なことのように思えて、それでだと思います。それでも歌はうたうとは思ってもいませんでしたけれどもね。

お隣りが〝歌のおばさん〟

——歌はいつごろからはじめたんですか、どういうきっかけで？

水谷　学校に行っているときに、お隣りが歌のおばさんの松田トシ先生でしょう。それで学校のお友だちといっしょにお稽古をはじめたんです。最初イタリアの民謡とか、そういったものをやっていたんですけれども、あんたの声、こういうものに向かないから、ほんとうに自分の好きなものを、歌謡曲でもなんでもやりなさいっておっしゃったんです。

――それでジャズのほうへ？
水谷　ええ、うちの母と笠置シズ子先生がお友だちなんですよ、だもんでそれじゃ発声法だけでも服部（良一）先生についてちゃんとやったらといわれまして。でも歌でステージに立つなんて野心はなかったんですけれど。ママはぜんぜん歌えませんでしょう。
――お母さまはお芝居が本筋でいらっしゃるけれど……。
水谷　音痴で名が通っているんです（笑）。
――日本の歌、つまり邦楽のほうは？
水谷　下手の横好きで、習っていることは習っています。それで、自分がうたえないもんですから、うたえたら楽しいだろうというわけでね、お稽古はやらしてくれたんです。先生、お弟子さんとっていらっしゃらなかったんですけれども、なんか一風変った声だから（笑）。
――ハスキー・ヴォイスは流行っていますからね（笑）。小さいときから、太い声？
水谷　そうじゃなかったですね。小学校のころは、ものすごく細くきれいな声だったわ（笑）。
――お母さまの声も細くておきれいね。
水谷　ママもものすごく塩からい声ですよ。
――そうですか？　じゃ私の知ってるのは舞台の声で、地声は似ていらっしゃるのかしら？
水谷　電話なんかに出ると、たいがいまちがえられます。
――そして歌でお出になったのは？
水谷　先生のところにお稽古にあがっているとき、ビクターの方が、たまたまいらして、なんか面白い声だから、やってみないかといわれ、学校も中学をおえたところだったので、学校をかえて、レコーディングして、目茶苦茶にけなされて……（笑）。
――誰にけなされたんです？
水谷　いろいろ新聞やなんかで……。
――そこから七光なんていわれたの？　そうではないんでしょう？　七光会[※6]というのは、むしろあなたのレジスタンスみたいな気持で？
水谷　そんな気持はなかったんですけれども、たまたま三人が（水谷、東郷たまみ、朝丘雪路）服部先生のところに別々にお稽古にあがっていて、ちょうど環境も似ているし、三人でなんか勉強会みたいのを作ったらどうかっていわれ、わたしたちのいちばんの共通点といったら、けっきょく〝七光り〟ということなんだから、それをトレードマークにして、早く七光という名をなくすように勉強しようということになったんです。七光会というと、いろいろまちがったとり方をされた向きが多かったんだけれど、つけたほうはごく謙虚な気持でした（笑）。

――それじゃ、もうそろそろ、七光会の光りがとれますね。

水谷　そうでしょうか？（笑）

●●・初舞台は〝浮浪児ゴミ助〟

――初舞台はいくつのとき？

水谷　十六のときですか、高校一年でした。

――それまで一度もお出にならなかったの？

水谷　ええ、一回小学校のときにありました。もしこういう仕事にむいているようなら、それなりの稽古をさせるとか、早く学校を変えるとかしなければならないので、いちおうテストしてみないかといわれたんです。

――学校はどこへいってらしたの？

水谷　雙葉（小学校・中学校）です。それで、これ一回だけで、あとはいっさい在学中にはいたしません、そのときも名前は出しませんというお約束をして出ました。

――あそこは、大変うるさいらしいですね。

水谷　ええ、一筆書きまして、学校に提出して、それで一ヵ月だけお許しをいただいて、菊田一夫先生の『風の口笛』という浮浪児の話なんです。私のために書いてくだすったんです、名前も出しませんでしたけれど。ゴミ助という浮浪児で、いまだに演舞場へ行くと、ゴミ、ゴミっていわれるんです（笑）。

――そのときどうでした、出てみて？

水谷　さあ、無我夢中でやっていたんですが、芝居をするということが、すごく楽しかったですね。

――そのとき、すでに楽しかったのね。

水谷　それだけしか覚えていないんです。菊田先生に叱られたのは、よく覚えていますけれどもね。声が小さくて聞えないと叱られて、怒鳴ると不明瞭だって叱られて、なんて無理なことをいうんだろうと思ったわ（笑）。

――それでもすごく楽しかったというのは、やはり二代目の生れながらの役者根性みたいなところがありますね。蛙の子は蛙の子なんていいますけれどね、……それで、けっきょくそのときテストは合格したの？

水谷　さあ、どうなんでしょうか？　どうかな？（笑）それ以来ずっとまた中学校をつづけておりまして、三年になったとき、高校になったら、そろそろいろいろなことをやったらいいんじゃないかと川口（松太郎）先生がおっしゃって下さって、それで、そういうことの自由な、文化学院にかわったんです。ママは高校までは、まともに出したかったらしいんですけれども……。

新派出演は自分なりの解釈で

――小学校のころ、ものすごく頭がよかったんですって？

水谷　小学校のころは、です（笑）。東京でずっと、一人で勉強、といってはおかしいけれど、子供のいない大人ばかりの家庭に育っておりましたでしょう。それでいきなり疎開して、熱海の小学校へあがったもので、マセてたんじゃないですか（笑）。

――学校でいちばんお得意だったのは何ですか、やっぱり歌？

水谷　音楽がいちばんきらいでした。さぼってばかりいて、うたわされるのが、いちばん恥かしかったです。

――映画におはいりになったのは、いつからですの？

水谷　映画はずっとあとでした。

――では、何から？

水谷　最初にレコーディングして、レコードが発売になった日が、初舞台の歌舞伎座の初日だったんです。

――歌舞伎座はお母さまとごいっしょだったわけですね。

水谷　ええ、新派で、中野実先生の「相続人は誰だ」というオリジナルでした。花柳（章太郎）先生と喜多村（緑郎）先生とが口上を言って下さいまして、とっても倖せなデビューをいたしました。だけど、そうとう期待を裏切ったらしいです（笑）。

――どういう期待をしていらしたのでしょう？

水谷　とにかく、もう少しましだと思っていたらしいんです。

――そんなことないですよ。これまでの新派とは少し変ってたかも知れないけれど、あなたの地がよく出ていて、とても面白かったと思うんですがね。ところで、いまは何をなさるのがいちばん面白いですか？

水谷　そうですね、何がいちばんやりたいかといわれると、いちばん困るんですけれどもね。

――では、みんなおもしろいですか？

水谷　みんなそれぞれ好きですけれども、みんな平均して、片よらずやりたいんですよね。でも、そうすると、映画を一本撮って、その次に芝居をやって、それからテレビをやったりなんかして、また映画に出ると、もとへ戻っちゃってるんですよね。また一年生からやりなおさなきゃならないんです。

――それでも、ほんとの初めての一年生に戻るわけじゃないと思うわ。いろいろやってるうちに、少しずつつみ重なっていって、面白味が出てくるんじゃないかしら。

水谷　さあ、どうでしょうか。新派に出て、劇団のほかの方とちがうと書かれるのは、やっぱりちがう生活をして、ちがうところで仕事をしたのが、出てくるせいだと思いますけれど……。

――新派にも、そういう刺戟が必要じゃないんでしょうか。あなたが新派へはいっても、すっかり新派の型にはまったお芝居をするという気になれますか。

水谷　そうですね。あたしはあたしなりの解釈でやっておりますけれど。新派の型といっても、『風流深川唄』とか、ああいった古いものは、いっさいあたしたちはやらしていただけませんからね。新作ものばかりで、お手本がございませんから、自分は自分なりにやって、まわりから型にはめられるということは、一度も考えたことはないですね。

――そうですか。それでかえっていい点もあるのね。

水谷　このあいだ、美空ひばりさんが映画で「風流深川唄」をやっているのを見たんですよ。そしたら新派にもこんないい芝居があったのかと……（笑）。叱られちゃうけれども。ほんとうにね、あたしたち新派に出ていると、ああいう芝居、古いなんていいましてね、あまり見たことなかったんですけれども、ああやって映画になって見ると、ちっとも古いという感じがしないの。やっぱり人を想う心とか、義理とか、そういうものというのは、いまも昔もかわらないってことがわかりますから、あたしたちも古い古いといわずにね、ああいう芝居をだんだん教えてもらって、そういうものを新派に残さなければいけないなアと思ったんです。あたしたち、（花柳）武始ちゃんなんかと、研究会みたいなものを、たった一日の公演でやるんですけれど、そういうときにでも、是非やらせてもらいたいなと思って……。

●●お母さんの偉いところ

――それに新派の古典、古典といっちゃおかしいかもしれないけれど、古くからお母さまなどのやっていらっしゃった『湯島の白梅』とか、ああいった鏡花ものなんかを、こんどあなたなんかがおやりになると、またちがった味が出てくるかもしれませんね。鏡花ものなど、びっくりするほど感覚の新しいところがあったりしますものね。それから、あなたはミュージカルにもよくお出になるのでしょう？

水谷　ここのところずっとご無沙汰しています。

――でもどうですか、ミュージカルはおもしろいですか。

水谷　いらど出たとき、おもしろいよりもなによりも、緊張の連続でしたね。

――お母さまもお出になったことがありましたね。

水谷　あのときは、いっしょに出ていませんでした。

――でも、あなたがミュージカルに出たことが、お母さまのああいう意欲を刺激したといえるのではないかしら。

水谷　そうかもしれませんね。でも、出てもいいから歌だけはうたわないでって、ママにいったんですけれどね（笑）。

――でも偉いと思います、どんどん新しいことをやってごらんになるんだから。

水谷　母がいちばん偉いと思うところは、秀坊（夫の白木秀雄）がさわいでることがあるでしょう、例えばアート・ブレーキーが来たといって興奮していると、いったい全体アート・ブレーキーとはどういうものであるかということを聞きに、わざわざ出かけて行ったり、レセプションにくっついて来たりするんですよ。ぜんぜん関係のないものが、くっついてくるんで、こちらは恥かしくて、たまらなかったんですけれど、どうしても来るというんです。若い人が騒ぐのは、どういうところがよくって騒ぐのかということを、身をもって理解しようと、つとめるんですね。

――だからお母さまは、非常に新しい方だと、私も思います。東宝ミュージカルにお出になったとき、実は大変感心しちゃったんですよ。新しいことをどんどんやってみようというその勇気にね。私が昭和二年に初めて東京に職があって出てきたとき、女性講演会というのに出て挨拶なさったお母さまを見て、こんな美しいひとがあるかしらと思ったのを覚えているんです。ほかに女流作家の方が大ぜい出られたんですけれど、誰が出たかすっかり忘れたのに、水谷八重子さんだけは、はっきり覚えていますよ。だからあなたより先にお母さまを知ってたわけですね（笑）。あなたが結婚なさったのはいつでしたっけ？

水谷　一昨年の五月。

――とっても落着いた感じにおなりですね。

水谷　そうですか、落着いてなんかいないんですよ、あと三十分くらいお話していればボロが出てきます（笑）。

――では、いまはすましているところ？

水谷　まだメッキがはげないの（笑）。

●・部屋の落書きは目下厳禁

――相変わらずお部屋の壁やなんかに落書きしていらっしゃる？

水谷　いえ、もう母が建て直しましたから、落書きは禁じられているんです。居候は居候らしく、謙虚に暮し

ています（笑）。

——では、いまはピンク・ムード？

水谷　あたしたちのところは全部グリーンです。ママが真っ赤な部屋におります。壁紙がママの部屋は赤と白なんです。あたしたちはグリーン。おめでたい人間が、おめでたい色を使うと、どうかなっちゃうからって、落着いた色に……（笑）。

——お宅はご商売だからよくおわかりになっているでしょうけれど、近ごろモダン・ジャズばやりでしょう。映画なんかで、ヌーヴェル・ヴァーグといったような作品には、ほとんどモダン・ジャズが使われていますものね。どんなひとがいいんですか？

水谷　あたしに聞かれても、あたしはヨワイものですから、よくわかりませんけれど……。

——ニュー・ポートのジャズ・フェスティバルの映画「真夏の夜のジャズ」をごらんになった？

水谷　ええ、見ました。いちばん好きな人が出ていたから感激しちゃったんです、アニタ・オディ。

——あのひとがお好きなのね。それであなたの歌としては、これからどういうことをやっていらっしゃるの？

水谷　欲が深いんですけれどもね。そうね、大きなステージで踊りながらうたえるような歌もうたいたいし、ちっちゃなクラブで、人がお酒を飲みながら目をつぶって聞いてくれるような歌もうたいたいし、またやはりロック調のポピュラーなものもうたいたいと思いますし、欲ばかり張っているんですよ。

——男の歌手では、やっぱり（エルヴィス・）プレスリーなんかがお好き？

水谷　プレスリーばかりだったらきらいですけれど、たまに聞くときらいじゃないですね。こないだ来て、ナマの声をきいてから、ヘレン・メリルもすっかり好きになってしまって。

——日本の歌はどうですの？

水谷　こういう声だから、歌謡曲の野村雪子さんみたいな声がとても好きなんですよ。

——それからテレビもありましたね。

水谷　映画をやっていると、テレビはほとんど出る暇がありませんね。

——NHKの『お父さんの季節』はレギュラーでしょう？　あれは録画でとるんですか？

水谷　ええ、録画です。でもその日の分だけ。

——月曜には、よく『私の秘密』から続いてあれを見ているんですけれど、あなたの出ないことがよくあるようですね。

水谷　そうなんです。よく京都で撮影が終ってから見ていますと、〝水谷いくら起しても起きて来ないんだよ〟なんていってますよ（笑）。

——それから、いまのところミュージカルとかお芝居出演の予定は？

水谷　五月に新派に出ることになっています。

——新派はどんなものにお出になるのか、わかってますの？

水谷　川口先生が書いて下さるのじゃないかと思います。よくわからないんですけれど。母がそのとき東宝歌舞伎に出ますんで……いまのところわかっているのはそれだけです。

●●すごく理解のいい秀坊

——ところで、白木（秀雄）さんとのご生活も、いよいよ板についてきたというところなんでしょうけれど、お二人が結婚なさるまでになった、ソモソモのきっかけは、どういうことだったの？

水谷　（東郷）たまみちゃんに紹介されたんです。三人でご飯を食べに行って、およそもう色気抜きのつきあいでした。

——それで結婚なさってからも、始終おのろけっ放しで大変お倖せそうですが、喧嘩なんかなさる？

水谷　しょっちゅう漫才みたいな喧嘩をいたしております。まわりの人が笑いこけてしまうんです。

——それでは、ますますお仲がいいのね。

水谷　でもこのところすまないと思っていますわ。十二月に大阪へ一ヵ月まいりましたでしょう。帰ってきたトタンに暮れだもの。だからビデオとかいろいろありまして、国際劇場に出て、それがすんですぐ翌日『風と雲と砦』で京都へ行っちゃいましたでしょう。一ヵ月京都におりましたからね。ほったらかしにしちゃって、すまないと思って……。

——そういうところ、やっぱり結婚生活と仕事の板ばさみという悩みを感じます？

水谷　あたしの場合、母がもう半分以上助けてくれますし、秀坊がすごく理解してくれてますし、ほんとにこんなことやってていいのかしらと思うくらいです。

——その点では、お母さまといらっしゃるのはお倖せですね。

水谷　あたしが疲れてボーッとしていると、ママが秀坊のお給仕をしてくれているのにハッと気がついたりね。わたしは離婚して芸道一筋に生きることにしたはずなんだけれどと、ママが言っています（笑）。

●●• やりたいのは母との映画共演

——ほんとうに、お母さまは芸道一筋で生きぬいていらっしゃったけれど、あなた、お父さまとはお会いになりますか?

水谷 このごろはあまり会いません。

——昔は?

水谷 そうね、暇があると、よく行っておりましたけれども。「花の吉原百人斬り」を撮る前にママにいろいろ聞いたら、もうぜんぜんわたしは歌舞伎のことはわからないから、パパのところへお行きなさいっていわれて、パパのところへ行ったら、おれに聞いたってわからないって……(笑)。あわてて芝居を探したんですけれど、そのときアメリカ(渡米歌舞伎が「籠釣瓶花街酔醒」を出していた)でやっておりまして……(笑)見にゆくわけにいかずあきらめました。そしたらパパが松蔦さんに頼んでくれまして、いろいろ型を教えてもらったんです。

——お父さま、ご存知ないんですって?

水谷 立役ばかりですから女形のほうはわからないんですね。殊にあの八ッ橋のことは知らないって。

——お父さまの芝居は見にいらっしゃる?

水谷 もうほとんど見ませんね。

——わたしは、このごろ歌舞伎でよく拝見します。そういう意味では、芸道一家でいらっしゃるから、あなたもやっぱり一生芸道で生きぬいていらっしゃるつもりですか?

水谷 結婚するときに、秀坊がやめてくれといってくれれば、やめるだけの覚悟はありましたし——。

——やめて惜しくないとお思いになったの?

水谷 ええ。でも仕事をしてもいいと許されて、それでやっている以上、自分のできるところまでやっていきたいと思いますね。だから結婚してかえって自分の仕事が大切になりました。

——こんなことをいっては僭越かもしれないけれど、あなたは一生、やっぱり芸道から離れない人ではないかと思うのですが、どうでしょうか。

水谷 やっぱり好きですからね。

——これを一生やってゆくべきかどうかと、途中で動揺する人も多いのですが、たとえば岡田茉莉子さんや、あなたなどのような親ゆずりの役者根性を持ってるような方を見ると、そういう不安がすこしもなく、一生やり続けられるような気がするんですよ。

水谷 そうですか。責任重大ですね(笑)。

——そのため、この人はまだまだこれからの楽しみがあるからというわけで、賞を失した傾きもありそうですね。

水谷　「花の吉原百人斬り」は、内田（吐夢）先生が自分の思うようにあたしを使って下すって、これで悪ければ、水谷ちゃんが悪いのではなくて、僕が悪いんだからとおっしゃって下すったんですよ。だから賞められるのなら、あたしでなく、やっぱり内田先生がほめられるのがあたりまえですから……（笑）。

——これから自分でなにかやりたいというものを持っていらっしゃる？

水谷　そうですね、川口先生が書いて下すって新派であたしと母とでやった『花の命』というのを、映画で母とやりたいなと思っております。舞台で年中いっしょなのに、映画で一度もいっしょになったことがないんですから。

——それはいいですね、是非実現するように期待しますわ。

（61年3月下旬号）

※1　「妖刀物語・花の吉原百人斬り」
東映・60　監督：内田吐夢　出演：片岡千恵蔵、水谷良重、木村功　顔に醜いアザのある田舎商人が吉原の遊女に夢中になるが、遊女に手玉に取られる。怒った彼は太夫となった遊女の行列に斬り込んでいく。

※2　「夜の流れ」
東宝・60　監督：成瀬巳喜男　出演：司葉子、宝田明、水谷良重　東京の下町の花柳界を舞台に、母と娘の新旧ふたつの世代の恋愛を描く。

※3　「漫画横丁・アトミックのおぼん」
東京映画＝東宝61　監督：佐伯幸三　出演：水谷良重、中島そのみ　杉浦幸雄の漫画を映画化した作品。東京・神田のアトミック組のおぼん姐さんの活躍を描く。シリーズ2作品が作られた。

※4　「好色一代男」
大映・61　監督：増村保造　出演：市川雷蔵、若尾文子、水谷良重　二枚目の世之介が遊女たちとの色恋ざたに翻弄される姿を描く。

※5　「おけさ唄えば」
大映・61　監督：森一生　出演：市川雷蔵、橋幸夫　人の好い旅人と、彼にほれ込んだ男との道中記。

※6　七光会
56年、水谷良重が同じ服部良一門下生の、東郷青児の娘・東郷たまみ、伊東深水の娘・朝丘雪路とともに結成した同好会。

「妖刀物語・花の吉原百人斬り」

「花の吉原百人斬り」のころ

小藤田千栄子

水谷良重は、いま〈二代目・水谷八重子〉となっている。だがこの取材の時点では、もちろん水谷良重。母親の初代・水谷八重子は、もちろん健在で、劇団新派の大看板だった。娘の水谷良重は、ジャズ・シンガーから、映画にも出るようになり、ちょうど「妖刀物語・花の吉原百人斬り」が、大きな評判を集めていたころである。

この映画は、歌舞伎の『籠釣瓶花街酔醒』の映画版で、脚本＝依田義賢、監督＝内田吐夢。水谷良重は、吉原の遊女役で、地方の織物問屋の主人・佐野次郎左衛門（片岡千恵蔵）に、見初められる話である。そこから大きなドラマが展開するのだが、きわめて現代的に作られているのが特徴だった。当時の水谷良重だからこそ出来たキャラクターと言えるだろう。だがこの取材では、あまり自信はなかったと語っている。

お父さんは、歌舞伎の守田勘弥なので、もちろん教えを乞うたが「立役ばかりですから女形のほうは、わからないんですね。殊に、あの八ツ橋のことは知らないって」と。

水谷良重は、デビューの頃から、音楽シーンでの登場が多かった。小学校のとき、お隣り住んでいたのが、歌のおばさんの松田トシ先生で、歌の稽古を始めたのがスタート。ついで「うちの母親と笠置シヅ子先生がお友だちなんですよ」と。それでジャズの勉強を始めたという。この時代から考えると、水谷良重も長い旅路を経てきたと思えるのだった。

三島由紀夫

映画芸術は芸術的動機でも心理的動機でもなく、時間の秩序をひっくり返すというのがとても新鮮で面白かった

みしま・ゆきお（1925年1月14日〜1970年11月25日）
東京都四谷生まれ。東京大学法学部卒業。この間の44年、処女小説集『花ざかりの森』を刊行、49年『仮面の告白』を発表して作家としての地位を確立。映画化された小説も多く、主なものは「夏子の冒険」53、「潮騒」54・64・71・75・85、「美徳のよろめき」57、「炎上」58、「黒蜥蜴」68、「剣」64、「肉体の学校」65、「愛の渇き」67、「音楽」75、「金閣寺」「午後の曳航」76、「鹿鳴館」86、「春の雪」05など多数ある。一方、映画界とも縁が深く、自作の映画化「純白の夜」51などにゲスト出演、増村保造監督「からっ風野郎」60に主演、65年には「憂国」を製作・脚色・監督・主演して話題となる。以降は「黒蜥蜴」には〝生き人形〟として特別出演、「人斬り」69には刺客・田中新兵衛として日ごろ鍛えている剣道の腕を披露した。70年11月25日、陸上自衛隊市ヶ谷駐屯地に〝楯の会〟4人と乗り込み、割腹自殺した。

映画俳優を試みては、ものになりきることに面白さを感じたり、ボディ・ビルでは意識抹滅の境地に遊ぶ――というのは、現代知性人としての彼の精神健康法というよりも、もっと積極的な完全人への夢といったものが感じられる。ともあれ〝プライバシー〟問題では芸術の闘士としての氏に声援をおくりたい。

●• 名誉毀損とプライバシー

――きょうは例のプライバシーの問題[※1]についての、三島さんご自身の見解といったものをまずおきかせいただきたいと思うのですが。あれはいったいどの程度の法律的な根拠があるものなのでしょうね。

三島　僕は伊藤正己[※2]さんの発表されているものを読んで勉強したんですが、この方のは、非常に公正妥当なご意見じゃないかと思うんですがね。そのうち全部を紹介するわけにはいきませんけれど、まあ話の最初から申しますとね、今度の（有田）八郎さんは、名誉毀損では訴えていらっしゃらないんです。名誉毀損は、いままでの判例でいきますと、つまり、例えばこうした場合名誉毀損が行われたという基準になる問題は、その芸術作品か、その他の何かによって描かれた人物の社会的な評価が低下するかどうかということがメドになるわけでしょう。ですからそれがメドになり、かつ、第二に作品の芸術性ということが、いままでの日本の判例ではわりに重んじられているんです。だから、描かれた人物の社会的評価を低下させず、しかも芸術作品として評価されているような場合には、名誉毀損は構成しにくくなる。ですから、そういうこともおそらく向うさまは考えられて、名誉毀損は避けられたんじゃないかと思うんです。

――これまでモデル問題が起ると、名誉毀損で訴えるといったことが多かったようですけれどね。

三島　こんどはそれを避けて、プライバシーの問題でやって来られたわけです。

――プライバシーという言葉の持つ意味はわかりますけれど――。

三島　日本ではまだ一度も起されていない訴訟で、もちろん刑法上の問題ではありませんで、これは民法上の精神的損害賠償で持って来られたわけなんですけれど、つまり民法と憲法の二本立になってるわけですね、向うの訴えが。というのは、民法の条文に、不法行為というのがあるんですが、それはつまり……。

――事実をゆがめたとか……。

三島　いえ、そういうものではないんです。つまり、法律に抵触しなくても、人にいろいろな損害を与えた、違法でなくても、損害を与えたということになってきて、大変広い意味になりますが、たとえば奥さんに非常な精神的な損害を与えたといったこともその場合で、離婚の理由にもなりますし、そのため損害賠償とか補償を要求するといったことにもなります。向う様はいわゆるプライバシーの侵害を、その民法上の広い不法行為のなかに含めて来られて、その理由を憲法に求めて来られたわけです。ちょっと待って下さい。（六法全書を持ってこられる）日本国憲法第十三条に「個人の尊重と公共の福祉」というのがあります。

――なるほど、プライバシーの尊重という条項ですね。

●衝突する二つの権利

三島　ここに、こういうことが書かれています――すべて国民は個人として尊重される。生命自由及び幸福追求に対する国民の権利については、公共の福祉に反しない限り、立法その他の国政の上で、最大の尊重を必要とする――というのです。ここにはプライバシーの辞句はありませんし、アメリカの判例がプライバシーの権利をこの「幸福追求の権利」に求めている前例があるからといってそれがそのまま日本に妥当するかどうかわかりませんが。ところがここに、もう一つ、言論出版著作の自由というのがあるわけですね――。「集会・結社・及び言論・出版その他いっさいの表現の自由はこれを保証する」と第二十一条第一項にあります。これは二百年来の確立された古い由緒ある権利です。ちょうど、これが衝突したわけですね。この二つがフィフティ・フィフティで衝突するかどうか、いろいろと難問がありますが、ともかく衝突させるように訴訟を起したわけですね。これが刑法上の名誉毀損なんかですと、すでに刑法で規定されてる範囲に入りますから、憲法にまでさかのぼらなくても、解決されるのですが、この場合は両方とも憲法にまでさかのぼらなければ解決しない問題になったわけです。しかも憲法は漠然たる規定ですから、十三条によるプライバシー云々などはまだ法制化されていないわけです。これを法制化するためには、幾度も類似の訴訟が起きて、それが判例という形で束縛して行くわけだそうです。伊藤正巳先生によるとまあ、勝つにしろ、負けるにしろ、こんどがその最初の判例になるわけですね。

――すると、どこにもその判例というものはないのですか？

三島　いや、アメリカでは、このプライバシーというのが非常に発達していて、判例もあるわけです。

——例えばこうした場合？

三島　伊藤先生が、それについていろいろな解説をしておられるのですがね。そういう判例のうちで、ずっと重んじられているのは、なんら世間に知られない個人が、その小説乃至映画が出ない限り、その人の個人の秘密が明るみに出ないケースの場合に、プライバシーの侵害が認められる。たとえば、昔、売笑婦をしていたり、あるいは犯罪に関わりがあった女性がいて、いまはすっかりまともになり、非常に平和な生活を送り、そこの村の人たちみんなから尊敬されている。それを、過去の事実を映画なんかにして発表し、それが彼女のことだとわかるように出しちゃったので、いままでの村人の尊敬を一挙にして失い、人々から手のひらをかえすような扱いをうけることになった。彼女の社会的評価が下ったばかりか、彼女の知られたくない過去が暴露されてしまったというわけです。そんな例から見ても、プライバシーの侵害ということは、名誉毀損よりも、もっと広い網の目なんです。

——つまり事実をまげたのでなくても悪意でなくても、埋れた過去を明るみに出すことによってひっかかるというわけなんですね。

三島　そしてその場合、損害は、精神的損害で十分なんです。本来はいつわりの上に成立っていたインチキの社会的評価が低下したということでもプライバシー損害ということになるので、名誉毀損よりもっと広い網目となるので、彼女を非難する意図であったり、彼女に対して悪意がなくても、また成立するわけです。

——そこに有田さんのケースもあてはまるというわけですか。

三島　ところが、公人とか、それから世間にかなり知られた人は、すでに個人のプライバシーというものを、自ら放棄しているわけですから、どの程度にプライバシー侵害に対する主張ができるかが問題になってきますね。

ここにおもしろい反対の例がでてきますけれども、名誉毀損なんかの場合と反対になってくるんですよ。ちょっとここで僕の考えを言っておきますけれど、たとえばあなたが過去に売笑婦であった。しかし世間はその事実をみんな知っている。あの人は、売笑婦あがりだがいまはすばらしい女流作家であると知っている。そうした場合は、プライバシーの侵害といえるかどうかという問題が起ってくる。

——世間の知っていることにはプライバシーがないということですね。

三島　ただし、すっかり過去に埋もれた場合には、プライバシーの侵害の度が強くなるという、相対的な問題でしょう。だからこんどの訴訟でおもしろいのは、有田さんの選挙問題なんていうのがいろいろあり、それにともなって週刊誌なんかがいろいろ書いたわけですね。ご夫婦のこともね。もしこれから十年もたって、世間がすっかり忘れたころに、僕がそれをほじくり出して書くとしますね。そうするとプライバシーの侵害の度合がひどくなるわけですよね。ところが僕の書いているのは般若苑事件があって間もなくのことで、まだ世間がちっとも忘れていない。当人はすっかり平和な隠居生活を送っているといっても、世間がそこまで認めるかどうかという問題が起きてくる。そうすると、プライバシー侵害の度合が薄くなってくる。

これは名誉毀損なんかの場合とちょっと逆じゃないかと思うんですよ。名誉毀損なんかの場合は、事実の有無ということが重大で、名誉毀損だったら、僕が十年後にその話を書いても、事実であることを主張すれば名誉毀損を免がれるが、ところがプライバシーの場合は逆になって、モデルと目された公的人物の事件があってから時が近ければ近いほどプライバシー侵害が少なくなるということなんです。

――おもしろいですね。一つのことに対して法律的にまったく反対の解釈があるんですね。

●●● 矛盾に満ちた有田氏の訴え

三島　非常におもしろいケースなんですよ、法律的にも。だから、その事柄の公共性及び当人の公人的性質が希薄にならないうちに、さっと早く使ったほうがいいということになっちゃうでしょう。もう一つおもしろい問題は、名誉毀損の場合は、ありもしない事実を、あたかも事実であるかのごとく書いて、社会的評価を低下させたではないかという訴え、これが典型的なケースです。ところが今度の訴えは、そうじゃないんですよね。僕はちっとも事実だということを主張していない。そうしてご当人をモデルと想定させるということは、事件のワクだけであって、ここに描かれた主人公のモデルは、実はこういう人間であるぞ、実はこうなんだぞということを、僕はひとつも言っていない。そうして僕の小説に、たとえば夫婦生活が描かれていても、夫婦であれば、夫婦生活がないというのは片輪で、あるのがあたりまえじゃないか。これは一定の状況のワクから当然類推されたものから出てくる夫婦というものを書けば、夫婦生活が出てくるのは当然で、ちっとも特殊なものではない、旦那さまにかみつく癖があるとは書いていない。それから旦那さまが奥さんをなぐるなんていうことは、どこの家でもあることで、奥さんをなぐったことのない旦那さまは、日本人のうち何パーセントあるでしょうか。それは事実の範囲を越えて、当然類推される普遍的典型的な夫婦関係にすぎない。

僕はそういうものの普遍性をもってきて、特殊性の上でひろげて、そこで人間的真実であるとか、芸術的真実を出したいと思ってこの小説を書いている。

——あちらでは、そうした内容についてやはりご不満があるわけなのですか。

三島　ところが今度の訴えは、お前の書いたことはみんな事実なんだぞ、僕が事実と知らないことまで、これはお前、事実だぞ、おれはたしかに相手をなぐった、なぐったことを書いたのはけしからん、おれはそんなこと言った、それを書いたのはけしからん。とおっしゃるので、こちらがびっくりしてしまうんですよ（笑）。

——つまり三島さんの芸術創作を事実だと主張なさるわけですか。

三島　そういう点で実に論理的に矛盾した不思議な訴えなんですけれどもね。事実だといって主張される向うの主張は、芸術的にいい作品であろうと悪かろうと、そんなものは関係ないんだ。芸術作品としての値打がどうあろうと、ただプライバシーを侵害したのがけしからんという訴えをしておられる。

それで、今度の訴えで問題なのは、その点なんです。第一、芸術作品であろうがなかろうが、プライバシーを侵害してはいかんということになれば、やはり法律と芸術との関係が、芸術の非常に微妙なところを無視して、すべて法律の形式的な解釈だけで問題を割りきることになります。問題提起の仕方で、芸術性というのを、向うは否定しておられても、法廷では絶対否定しきれないと思うのですね。

——だれでも自分のプライバシーを犯されるのはいやですから、それはそうだというような意味で、簡単に同調されるおそれがありますね。

芸術家として絶対闘う

三島　有田さんの問題の提起は非常にジャーナリスティックですし、世間は新しい言葉が好きですからね（笑）。だけれども、この問題と混同して、僕の作品がその侵害の代表であるかのように世間が見るんだったら、筋がちがうということを力説しておきたい。しかもその結果、この訴えが、作品を読まない世間の人の目に僕をバクロ物専門の実話作家みたいに思わせたとすれば、それは明らかに僕の社会的評価の低下ですから、名誉毀損で反論することも考えられる（笑）。

――『宴のあと』は私も前に拝読したんですけれど、あれは作品としてひとつの作られた人物であるかもしれませんけれども、とにかくあの主人公は非常に高潔で立派なんだという感じを受けたんですけれどもね。相手の女性も、わたしどもは、あの人なりに立派だと思いますしね。むしろ週刊誌などが扱ったあの事件が浄化されたような感じがしますけれど。しかし、有田さんはいったいどういう動機で……と私など、どうも不思議に思いますね。

三島　これにはいろいろ感情的ないきちがいがありましてね。一つには有田さんから面会のお申込みがあったんですが、僕はおことわりしたんです。なぜお目にかからなかったかというと、僕は、芸術作品というのは、外部からの意見では絶対変更不可能なものだと思います。そうして、ここを直せ、あすこを直せ、連載はいいが、出版はさしとめる、というお話にはのれない。お前の家で子供を生んで育てるのは勝手だが、小学校へやるのはやめてもらいたい。ついてはそのことでぜひ会ってもらいたい。たとえ新橋の一流料亭にお招きしたいということであっても、それは礼をつくすということとは別だと思いますね。

――有田さんが自分の身辺について心配されたり、神経質になられる気持はわかりますが、どうも芸術という点に盲点がおありのようですね。

三島　そこがすべて問題なんです。お前の小説はカレンダーの絵のようにきれいな絵ではないではないか。顔に陰が描いてある。なんだこの陰は、これは消せ、目の下にこんな陰はない。この陰を消せ。だけれども僕は美しい絵を、やはり描こうと思っていた。主人公の姿も女主人公の姿も美しく描こうと思った。そのためにはどうしても陰がでてくる。それを消したら、風呂屋の絵やカレンダー絵になっちゃう。それに対してどうやってこられても、一ミリであろうとも陰を消すわけにはいかないし。美しくするための陰ですからね。

東京新聞には、問題がこじれたことについては、そのあいだにいろいろ営利的な出版資本が介在したからだと書いてありましたが、それはまちがいですよ。どうあろうと、僕は有田さんと妥協の余地はないと思っているんです。僕はこの問題は、芸術家として絶対妥協できない問題だろうと思いますから、絶対闘うつもりです。

●●“中抜き”に映画の面白さが

――ところで、三島さんの原作はずいぶん映画になっておりますけれど、映画としていちばんお気に召したのはどれでしょう？

三島　やはり「炎上」※3ですね。これは絶対「炎上」ですね。あれは立派な作品でしたね。

――市川崑さんのもので最上級の出来ではないでしょうか。あの原作の『金閣寺』、あれなどを読みますと、モデルと芸術性の差といったものが、はっきりとわかるんじゃないかと思いますね。

三島　あれでも寺社連盟が怒ったりして、映画の製作が非常にのびたんですよ。

――そういう意味でも、これからの創作活動というものは、いろいろ面倒になるようですね。プライバシーなどということも出てきますし……。

三島　でも、これはしようがないことでしょうね。日本では訴訟をおそれますけれども。外国ではふつうのことですからね。近代社会というのは、訴訟を起し、起され、そして堂々と闘い、対立していくものなのですから。契約と訴訟は表裏一体のもので、近代的契約というものが成立するかぎり、訴訟も成立する。日本では近代的契

「炎上」のセットで

約が曖昧だから訴訟をおそれる。そして、なるべく話合いでいきましょうという。話合いというのは目をつぶってくれればお小遣いをやろうというのと同じことでしょう。そういう点では、有田さんも僕も、ここはちょっとした近代人ですな（笑）。

――それから映画に出演なさいましたね。役者として。「からっ風野郎」[※4]でしたか。あのときの結果について……。

三島　僕はやっぱり映画に出て得だったと思いますね。いまも非常におもしろく思い出すのは、中抜きというやつなんですよね。あんなアブストラクトというか、シュール・レアリスティックというか、あんなおもしろいものはないと思った。小説にも時間を前後させる手法があるわけですよ。回想と現在とか、時間の秩序が狂って前後させていく手法は前からあるわけですね。これはベルグソンから出てきたのかもしれないけれども。ところが映画の中抜きというのは、つまり心理的な時間の狂わせ方ではないんですね。全く機械的な、まったく無意味な時間の前後の狂わせ方でしょう。

――どこからでも、都合のいいところから撮りますからね。手間をはぶくために。

三島　あの映画でぼくは手を射たれてうんうんうなっているんですよ、ベッドのなかで。そこへ船越さんが見舞いにきている。そこで中抜きをやられるんですね。次のカットになって、うなっていると、「もう痛くないんだ」と怒鳴るんだね、増村監督が。よく考えてみると、次にくるべきカットが中抜きになって、だいぶ治ってからのところを撮ってるんですよ。同じベッドで、同じ扮装で、自分ではわからないですよ。そしてこんどは治ってきたところかと思ってやってるわけだ。すると「そんな平気な顔をしてちゃいけない、痛いんだ」という。よく考えてみると、場面はもとへもどって、こんどは痛いところなんだな（笑）。

　映画芸術というものが、ぜんぜん芸術的動機でも心理的動機でもなんでもなく、時間の秩序をひっくり返すというのが、とても新鮮でおもしろかった。いま書下しを一つ書いているんですけれど、小説でもそれがやれるんじゃないかということを考えました。こんどの小説ではそこまで踏み切っていませんがね。心理的な動機で回想と現在が交錯しているふうになっていますけれども、時間をひっくり返すということについて、大胆になれるような気がしたんです。機械的にさえひっくり返せるんですから……。

――「地下鉄のザジ」なんていう映画は、映画でそれを

やっているように思うんです。

三島　ああ、あれはそうですね。おもしろいですよ。心理的ですらないですね。ひっくり返し方は。

——こんどはそのシーン中抜き感覚を小説の技法にお使いになろうというわけですか。

三島　いけるんじゃないかと思うんですけれど、まだそこまでは踏みきれないんです。痛いものが急に痛くなくなって、また痛くなるというのは愉快ですよ（笑）。われわれが生きている瞬間、病気なんかの瞬間に、熱が出て苦しんでいますね。ある瞬間に夢か現《うつつ》かわからない状態になる。病気の人間が寝ていて、いま食欲のないものが、ご馳走を食べていたとする。それは夢か現実かわからない。あるいは未来の映像であるかもしれないある瞬間に生きているのですよね。その瞬間にまたふっとわれに返って、また痛い。それとよく似ているんですよ。そうすると、われわれのいう現実というのは、そういうふうにできているものじゃないのか。実際にわれわれが、時間の流れだと思っているのは、そんなに確固としたものかどうか。

——病気で苦しんで寝ているときにも、ケロリと病気のことを忘れている瞬間ってあるものですね。まあ、そういったことで、たしかに現実にも、中抜きってことがあるのじゃないかとおっしゃるわけですね。

三島　まあそうなんです。

●●　映画スターはやめられない

——映画にはじめて出た人は、みなあの中抜きにはおどろくらしいんです。あんなことをやってると、映画に演技なんてものが必要なのかと思ったり……。

三島　むしろ自分がものとして扱われているという快感というものは、映画スターをやめられないってことになるのだと思いますね。僕もそれが目的で映画をやってみたようなものですけれども、ところが僕はものになりきれないんで叱られちゃったけれども（笑）。

——殊に三島さんのような、ものをお書きになる方は、いっそうむずかしいんじゃないでしょうか。

三島　たしかに禅の悟りみたいなものでね（笑）。わりに、そういっちゃ悪いけど、つまりは頭はからっぽで、体のほうが先に動くという人は、いいのかもしれませんね。もちろん、演技ということもはいってきますけれども、あまり頭で考えて商売している人間は、そういう状態に憧れますね、ほんとうに自分がものとして扱われたことがないから。

——映画俳優になるには、ですからまず運動神経が発達していることが第一条件のようです。頭も悪くちゃ、やっぱり困りますが。

三島　勘と神経ですね。

――これからもまた映画に出てみたいという気持はおありですか？

三島　あのときは絶対にいやだと言っていたんですけれども、ときどきなつかしくなりますよ。変なもので、このあいだ僕の「お嬢さん」[※5]というのが映画になるんで撮影所へ見にいったら、もう実になつかしくてね。みんな知ってる裏方の連中がいるでしょう。ヤア、ヤアなんてね（笑）。カチンコが鳴ってるし、いいもんだなあと思ったな。変だなあ、どうしてああいうものに魅力があるんだろうか。

――私にもよくわかりませんけれど、いちど覚えたら忘れられない味みたいなものがあるらしいですね。

三島　へんにうす汚いのに、どうして魅力があるんだろうか。なんともいえない、身もふたもないようなものですがね。

――やはり没我の状態になれるということも一つの魅力なのでしょう。

三島　それと、人間というものは自分の舌を出して、何センチ出ているかなんていうことは絶対わからない。もしそれがわかったら自意識の怪物ですよ。そうすると、自意識をどんどん追いつめていって、そこまで自意識の怪物になるということは、ものになることと同じですね、逆の面からいうと。

――逆説的には、そうかもしれませんね。

三島　われわれは知的な作業をやっているが、それは多かれ少なかれ自意識の怪物になるということなんですね。しかし、自分の舌が何センチ出たかまでは、ポール・ヴァレリーでも知っていたかどうか。そこまで正確にわかるものがいれば、ものすごい人間だと思うんだ。そこまでいけばほんとうにものになりきれる。僕は自意識が足りなかったわけだ（笑）。

――自意識のギリギリの線を突破したところに境地がある……。

三島　ですから徹底性という点からいって、舞台演技よりも、人間の精神の働きとしては、映画演技のほうが徹底していますね。増村さんとも禅問答みたいなものをやり合ったんですけれど、たとえば産科院で若尾（文子）さんが診察室に入ってゆく。そうすると僕が、そのうしろ姿へ、「あの野郎！」というわけですよ。この、あの野郎、ができなくて何十ぺんやらされたかわからない。あすこに立っているんだから、あすこまでは十五メートルくらいある。お前の「あの野郎!」は百メートルくらい先の「あの野郎!」だという。こんどは、それじゃあ、三メートルくらい、今度は七メートルしかないというんですよ(笑)。監督の求めるイメージは、現実のなかにあるファクターをとりだしてくるんだけれど、非常に限定された、絶対にたったひとつしかないファクターを、現実のなかから抽出しようとする。ところがわれわれの現実というのは、限定不可能な、あるいは選択不可能な現実のなかにただよっているわけでしょう。われわれは十五メートルが二十メートルであっても十二メートルであってもかまわない。ただわれわれはたまたま無意識に、「この野郎」というのが十五メートルの現実にはまるというので、意識してはめようと思ってもはまらない。

──映画の演出[※6]はなさらないのですか?

三島　僕たちは人の体を借り、人のイメージを借りて自分の思想を表現し、自分の心理をそのなかにはめ込むという作業は長年やっているんで、おもしろくもなんともないんですね。

──それじゃ、やっぱり映画スターのほうを?

三島　そうですね、しかしもうそれは一家あげての反対ですから……(笑)。

(61年5月下旬号)

※1　例のプライバシーの問題
　1961年、元外務大臣・有田八郎は、三島由紀夫の小説『宴のあと』が自分のプライバシーを侵害したとして、三島と出版社新潮社を相手取り、慰謝料と謝罪広告を求めて訴えた事件。この裁判は『表現の自由』と『私生活をみだりに明かさない権利』という論点で進められたが、64年、東京地方裁判所の判決が出て、三島側に80万円の損害賠償の支払いを命じた。しかし、有田八郎が死去したため、有田の遺族と和解が成立した。

※2　伊藤正己
　(1919・9・21~2010・12・27)日本の法学者。とりわけ表現の自由、プライバシーの関係を研究した。99年、文化勲章を受章。

※3　「炎上」
　大映・51　監督:市川崑　出演:市川雷蔵、中村鴈治郎、仲代達矢　三島由紀夫の原作『金閣寺』の映画化。昭和25年に学生の放火で焼失した国宝・金閣寺を題材に、その美に取りつかれた学生僧の悲劇を描く。

※4　「からっ風野郎」
　大映・60　監督:増村保造　出演:三島由紀夫、若尾文子、船越英二　三島扮する若いヤクザが非情な世界に身を投じ、やがて破滅していく姿を描いた悲劇。

※5　「お嬢さん」
　大映・61　監督:弓削太郎　出演:若尾文子、川口浩、野添ひとみ　重役の一人娘・かずみは、家に来る父の部

「からっ風野郎」 ©KADOKAWA 1960

下の中からちょっと不良っぽい男と結婚する。しかし新婚生活は彼の昔の恋人たちが現れて大騒動に。

※6　映画の演出
三島の唯一の監督（原作・脚色・主演）作品は66年の「憂国」（ＡＴＧ）。新婚のため２・26事件の決起に誘われなかった近衛連隊勤務の武山中尉の自決を描いた28分の短編。登場人物は三島と妻役の鶴岡淑子の二人だけで、セリフは全くなく、最後の情交のあと武山は割腹自殺、妻も後を追って自害する。なお、この作品は三島の死後、未亡人の意志によって公開は禁止されている。

『宴のあと』プライバシー裁判のころ

小藤田千栄子

この取材の時点で（1961年5月ころ）、三島由紀夫は、小説『宴のあと』のことで、裁判に関わっていた。元外務大臣で、東京都知事の候補者でもあった有田八郎が、この著作は、自分のプライバシーを侵すものとして、三島由紀夫と、出版元の新潮社を訴えていたのだ。当時、モデル問題が起きると、名誉棄損がほとんどであったが、この場合は、プライバシー問題ということで、大きな話題を集めていたのである。

この取材で三島由紀夫は、六法全書を持ってきて、法律についての、詳しい説明をしている。さすが東大法科卒の知識と見識とに、読みふけってしまうが、やはり私たちは、映画に関しての発言を聞きたい。

三島由紀夫原作の映画版で、ベストは？　との問いには、即座に「炎上」ですね、と。「絶対に『炎上』ですね。あれは立派な作品でしたね」と言いきっている。

さらに俳優として主演した映画「からっ風野郎」（1960年／大映東京。増村保造監督）については「僕はやっぱり映画に出て得だったと思いますね」と言いきっている。この映画での三島由紀夫は、若いヤクザ役。映画館勤めの若尾文子を妊娠させてしまう役柄だった。上半身は裸で、革ジャンパーでイキがる役が似合っていた。

いまの時点で、このインタビューを読むと、映画に関して、こういうことを思っていたのかと、教えられること多々である。

市川 崑

映画監督はブルジョワでなければいけない。理想は自分でお金をにぎるということ

いちかわ・こん（1915年11月20日～2008年2月13日）
三重県伊勢市生まれ。市岡商業在学中に病に倒れ、長野県篠ノ井町に転居。18歳で京都のJ・Oスタジオに入社、漫画映画を製作する。36年、J・Oは東宝の傘下に入り、市川も「夜の鳩」37で助監督につき以後、映画監督を目指す。47年、新東宝に移り、レヴュー映画「東宝千一夜」で構成を担当、翌48年「花ひらく」で本格的に監督デビューを果たす。以降、「ビルマの竪琴」「処刑の部屋」56、「穴」57、「炎上」58、「鍵」59、「ぼんち」「おとうと」60、「破戒」「私は二歳」62と、文芸作品を中心に、一作ごとにスタイルを変えた問題作を発表、日本を代表する監督として一目を置かれるようになる。以後も〝記録か芸術か〟と物議をかもした「東京オリンピック」65、〝角川映画〟ブームを牽引した「犬神家の一族」76、「悪魔の子守唄」77や、「細雪」83、「おはん」84、「映画女優」87、「かあちゃん」01などがある。

たいへんなハイカラ趣味のごとく見えて、このひとのハイカラには、江戸っ子のハイカラとはちょっとちがった一抹の泥くささがある、というと、いかにもケチをつけているようだけれど、その一沫から、「炎上」や「おとうと」の重厚な傑作が生れているのではあるまいか。

●● 怪しからん映画祭への無断出品

——カンヌ映画祭で「おとうと」は賞にはいらなかったとはじめ新聞に出ていましたが、やっぱり受賞したんですね。技術委員会特別賞とかいうのを……。

市川　そうらしいですな。ぼくはまだくわしいことはきいていないんだけれど。

——先日、「黒い十人の女」※1の追いこみのセットへお伺いしたとき、「おとうと」のような至極あたりまえみたいなことを描いたものが、むこうの人にわかるかなといったようなことをおっしゃってましたね。

市川　いや、あたりまえというんじゃないんです。つまり、日本のは家というものがあって、それが人間の関係の重要な場になっているわけなんだけれど、あちらではそうした家なんてものがないんですよね。フランスなんかでは、だいたい個というものが単位になっている。だから家の問題から個をさぐりだそうというのは、おそらく理解されないんですよ。だから、ああいうものを持っていくのは具合がわるいんじゃないか、もう少しほかにいいのがあるんじゃないかということを言ったんですけれどね。ああいう選出のしかたに疑問があるな。

——ああいうというのは、どういうんですか？

市川　それはね、去年ぼくがカンヌから帰ってきたときにも進言したことなんだけれども、監督、つまりその映画を作った作家に、なんの相談も、一言の断りもなしに作品をむこうへ持っていくというのは、ほんとに失礼だと思うんですよ。ぼくの「おとうと」に限らず、なんかの作品を持っていって出品するでしょう、そんな場合、著作権がないということによって、一言の断りもないわけですよ。

——持っていくが、いいかどうかってことをですか？

市川　持っていきたいが、作家の君はどういう意見か、ということがないんですよ。全部そうなんです。それで、グラン・プリかなんか貰って、あんたははじめから自信があったんですかみたいなことをいわれたって、ああ、あれは自信あったんです（笑）、そんなこと言えんですからね。もちろん映画祭そのものにもいろいろ問題があ

「鍵」

って、批判の余地はあるでしょうけれど、その前に、まず作品の選出のしかたですね。もう少し作った人間を尊重しなきゃ、ほんとうは失礼だと思うんですよ。

――そうですね。まったく監督さんの意見はきかないで出しちゃうのですか？

市川　ええ、きかれませんよ。新聞とかニュースに出てはじめて知るわけですよ。こんどはなになにの作品を出品することになった。それで、ぼくがあっちへいくんだそうだ、みたいなことですよ。たまたま、それで、お前、いっしょにいってこい、みたいなことになるんですね。「鍵」[※2]のときも、はじめはいくのを辞退したんですよ。今年もいきたくなかったんです、ほんとは。ひとつには体が悪かったことも理由でね。

――演出料だけもらえば、あとはお好きなようにというわけにはいきませんものね。こんどの特別賞というのは、色彩効果に対してだとかききましたけれど……。

市川　それもぼくはまだよく知らないんだけれど、こないだ社長（永田雅一氏）がなんか言ってました。フランスから、どういう方法であの色彩を出したかということを公式の文書で訊ねてきたけれど、社長は、そんなもの簡単に話せるかといって返事を出した、と言ってました（笑）。ああいう色は、フランスとしては、ちょっと

注目する価値をみとめたんでしょうね。

——色の工夫はわかったんですね。

市川　ドイツとフランスは、色のことには敏感ですから。あれはちょっと注目してもらいたいな。

●•「黒い十人の女」問題の真相

——「黒い十人の女」のことでもめましたが、あれの真相はなんですか?

市川　あれはね、ぼくはそういうことでは前科があるんですよね。封切の問題でごたついたのは、昔「ブンガワン・ソロ」でも「ビルマの竪琴」でもあったことで、こんどことあらたに大映でやったのではないんです。そんなことよりも、企業としての映画の新しいあり方を、映画人が考えなければならないという時期に、とうにきてるわけでしょう。その時期に、映画を新しい企業体に結びつけようとしないひとつの疑義を感じたので、そのためにぼくは大映に辞意を洩らしたんです。よその会社へいってどうとか、ということも疑問だけれども、ぼく自身の意志というものが、ああいうことを言わしめたんですね。

——実際に映画を作るひとが、より良い作品の作れるような形へ結びついていかなければならないというわけでしょう。

市川　ええ、映画の創作というプロセスと、公開するというプロセスとがうまく結びついていかなければならないわけですが、その基本的な方法がまちがっているんじゃないかという気がしたんですよね。

——この前、月形龍之介さんが、東映の映画の作り方について、昔は監督さんやシナリオライターが映画を作ったものだったが、いまは営業部が作っている。これではいい映画が出来ないんだという批判をしていらっしゃいましたが……。

市川　それは四、五年前のことですよ。

——いまはちがっていますか?

市川　もうちがっていると思いますね。たとえば、ぼくらがそういう発言をしても、もうおかしくない時代になってきているんですよ。ただし発言だけで、それが実を結んでくれないけれど。もう営業部じゃなくて、主体性は作る側、つまり撮影所に現在はあるようになってますよ。あとは、撮影所の人たちが、あまり消極的な態度じゃなくて、もっと積極的な態度で映画を創作していくということにもってゆけば、ひとつの壁はなんとか破れるんじゃないかと思いますね。それを現在やっているのは、東宝の黒さん(黒澤明監督)ですよ。あの人が、映画というものを獅子奮迅の勢いで作っている。あの人の映画の作り方が、きっと映画というものを守っているんじゃないでしょうか。あの人のああいう作り方は、やれ金がかかるとか、やれ、ねばっておるとかいうでしょう。ああいう作り方は、ねばっているわけでもなんでもないんで、ああならざるを得ないで、ああなっているんじゃないかと思いますね。少し製作期間が長くなるというのは、黒さんが些細なことでねばっているんじゃなくて、映画の機構が古い形のまま存続しているから、つまり能率があがらない。それだけなんですよね。だいたい企業家のほうは、ライトがあって、カメラがあって、フィルムがあれば、それでできるという頭で、映画ではなく、活動写真を作るという観念でしょう。だから黒澤さんのああいうやり方が、そのなかでやっぱり映画というものを守っているんじゃないかと思いますね。

——その結果、ユニット・プロみたいな形体をとられることになったんですね。

市川　あの人の創作の態度自身、ぼくらが見ると自然にそう思えるので、だからほんとに学ばなきゃならん、というより、爪の垢でも煎じて飲まなきゃいかんと思いますよ。

——つまりそのために黒澤プロというのが必然的に生れたということでしょうか。

市川　それはいろんな方法があるんじゃないですか。

——現在の大会社の機構のなかで作っていてもですか？

市川　ぼくは、話が飛躍しちゃうのだけれども、本来は独立プロというんですか、自主作品を作るのがほんとうだろうと思いますよ。けれど日本では配給機構というものを大会社が握っていて、独立プロの作品は、「不良少年」でも「裸の島」でも、うまくそれにのせてもらえないと、変な形で、日蔭へ日蔭へとはいっちゃいますからね。正当な形で観客大衆の前に提出されないわけでしょう。だから結局、機構のなかに入って、そのなかで、現在は、やらなければならんだろうと思うのですよ。

——つまり、そういうところから、最近のユニット・プロというものが生れてきたんでしょうね。

市川　いっぺんにパッと自主的な作品ということになればいいんだが、それが無理なので、ひとつのプロセスとして、ユニット・プロという形がとられているわけでしょうね。

●● 市川プロへ半歩前進

——こんど市川さんが大映となさった新しい契約は、そのユニット・プロの方向にいっているわけなんですか？

市川　ユニットまでいっていませんが、前とくらべると、半歩前進といったところです。

――その半歩というのは、どういうことを含んでいるんですか？　新聞なんかでみると、ユニット・プロのようにうけとれましたけれど……。

市川　客観的にはそう見えるかもしれませんね。しかし、大映には大映の方式というものがありましてね。今までは、大映の一監督として契約していたんですが、こんどは社長と直結して作っていくわけです。

――これまで、直結していらしたのじゃないんですか？

市川　それは企画を提出するときだけで、あとは、撮影がはじまる段階になると、もう実際的には切れていたんです。こんどはそれを、撮影中にもあらゆる面で社長と直結してやっていく。封切も二人で話し合って、いちばんいい線へもっていく。これはいろいろ問題が出てくるだろうと思いますけれど、ひとつこれを試みとしてやってみようじゃないかということで……。つまりぼくがアソシエート・プロデューサーの立場をとるというようなことです。

――それで、少しでも黒澤さんのやっていらっしゃるような線へ持っていこうとなさるわけですね。

市川　まあ、そういうわけです。

――これは冷やかしではないんですけれど、つまり大映に市川天皇が生れるということになるんじゃないですか（笑）。

市川　ぼくはそっちのほうはだめなんで……（笑）。ぼくは孤立したがる癖があって、何々一家とか、天皇とか、そういうチューンは具合わるいんですよ（笑）。

――でもそういう姿勢は、いちおう天皇じゃないかしら？

市川　天皇というより、ぼくはブルジョワにならなきゃだめだというんですよ。ぼくの理想はね。つまり自分でお金をにぎるということですね。これしか方法はないと思っとるんです。だから、あらゆることに低姿勢で、お金を儲けようとたくらんどるわけですよ。ぼくに二千万円の金があれば、どこかと提携しなくても、配給さえくっつければ、一本自分の思う通りのものが作れるわけですからね。

――そこで、その半歩ということのなかには、ブルジョワたらんとする足がかりも多少ふくまれているというわけですか。

市川　まあ、そうですね。こんどは自分の実力でそれをかちとるわけですから、仕事はそうとう煩雑になって、えらくなりますけれど。それを自分がどれだけやってい

けるかということですね。

――いま盛んにいわれているユニット・プロというのは、どうお考えになりますか？　その実態はどういうことなんでしょう？

市川　それは山本さんのほうがよく知っているんじゃないですか（笑）。

――いいえ、よく知りません、例えば松竹さんあたりでは、製作費と配給とを会社がひきうけ、あとはそちらでお作りなさいと、いちおうに言うらしいんですが、やはり企画は松竹の製作部長をパスしなければいけないらしいですし、配役、監督は外部からということだったのが、それも最近では、そうばかりでもなく、いろいろと注文がつくようです。製作費のワクをはみだすと、それはユニット・プロの負担になることは確かなようですね。その代り儲かれば歩合をいただく……。しかし、ユニット・プロも、個々によって変ってきていますね。

市川　会社のほうは、原作・スタッフ、俳優をそちらにまかせて、出来あがったもので漁夫の利を占める。プロのほうは、それでちょっとでも自分たちの作りたいものをそこで作っていく。両方の利害がその辺で一致しているわけなんでしょうな。

――まあいまの場合、映画の一つの推進力とはなりますね。

市川　まあ、そういうわけです。

●●合作映画には主体性を

――ところで市川さんが、こんどその半歩前進の構想のもとにお作りになる作品はどんな形のものになってくるんでしょうか。

市川　半歩前進したからって、こんど作る映画の素材、自分の姿勢、ものの考え方、つかみ方、あるいは体系というものが急に変るということはあり得ませんよね。やはりいままでにたくわえられてきたものを、半歩前進した機構のなかにはめ込んでいくということなんだと思います。

――こんどはやはり前にあった合作映画でいらっしゃるわけなんですね。

市川　そうですね。ぼくはこの際、もうちょっとちがった形でいきたかったのですがね。なにしろ合作映画というのは三重のカセになっちゃいますからね。あっちにもプロデューサーがいるというわけで、永田さんがゼネラル・プロデューサーなんだが、あっちにも発言者がいるわけでしょう。

――こっちにも、アソシエート・プロデューサーとして市川さんがおられる。

市川　そういうことになりますな（笑）。だからちょっとやりにくいだろうと思いますね。しかし、一部には、だからこそアソシエート・プロデューサーがいるんじゃないかということもありますけれどね。これもやってみなければわからんですよ。

——どんな内容のものなのですか？

市川　『バラよさらば』という題になっているんですけれど、橋本忍さんが脚本を執筆中で……。

——ああ、橋本さんがカンヌへいらして、ついでにフランスでシナリオのロケ・ハンをしていらしたということでしたね。じゃ、もう軌道にのっているんですね。

市川　ええ、のっています。ですから、その件ではぼくもむこうへいかなければいけなかったんですがね。なにしろ体が悪かったんで、ここで映画に死んでもつまらないと思って（笑）。

——それでどういう筋の映画なんでしょう？

市川　まだそこまでかたまっていませんが、だいたいスリラーの線でやろうということになっとるんですわ。つまり現代の病源をつくという場合には、必然的にスリラーが出てくるということですね。

——フランスへはいつごろいらっしゃるとか、そういった具体的なことはきまっていないのですか？

市川　会社の線はいちおう出ていますね。七月の末からいって、八月から向うで撮影する、というようなことは出ていますけれども、おそらく橋本氏の脚本が六月いっぱいで作れるかどうかは疑問ですね。脚本が書けても、それを翻訳して、あっちにも見せなければならないでしょう。それからフランスの俳優の交渉もしなければならない、ETC・ETCで、そう簡単にはいかないと思うんですけれども。

——撮影はあちらですか？

市川　いまのところは七、三だろうと思います。あちらが三分で、こちらが七分。というのは、これもまだ調べてないんですけれども、あちらで半分撮るということは、おそらくこちらで全部撮るくらいの時間とお金がかかるんじゃないかと思うんですよね。日本人みたいな、いい意味でも悪い意味でも勤勉さというのは、おそらくあちらの人にはないんじゃないかと思うんですよ。休憩時間もきちんとしているだろうし、日本人みたいに、やれ夜間だ、徹夜だというと、撮影所全体が張り切っちゃうみたいな（笑）、そうでなければ撮影しているみたいじゃないような、そんなことはないんじゃないかと思いますよ。きちん、きちんと朝九時にはじまって夕方の五時に終って写真が出来たら、なんか物足りないみたいな、そういう風潮が、われわれにはあるでしょう。われわれの撮影日数というのは、そこから割り出されているのですよね。けれど、あちらでは、そうじゃないと思うのですよ。こっちの方式のスケジュールをあっちへもっていっても、三十日間で撮れると思ったものは倍以上かかるんじゃないかと思うんですよ。そういうことを計算すると、あちらで全体の三割を撮る日数は、こちらの七割とちょうど半々になる計算でいかないと、うまくいかないんじゃないかと思います。

——これまでの合作映画の難点というのは、やはり製作実務で、つまり、向うから監督が来た場合に、その監督と日本側のスタッフとがうまく折り合わなかったといったことで、もめたことが多いようですね。

市川　だから今度の合作映画のこれまでとひとつ性格のちがうのは、最初に話をうけたときに、それだけはなんとかさけたいと思って、カメラ、装置、美術、つまりスタッフの主体性ですね、それをわれわれが全部こちらからということ、そちらは俳優さんを提供してくれればいいということで、話を進めたわけです。こちらがいちおうの主体性を持って向うで作る。それが今度のねらいなので、いままでよりも、もうちょっと本格的なものになるんじゃないかと思いますね。

——これまでの合作映画は、むこうが主体性を持っていたのですから、その点、ちがうわけですね。それでいつもゴタゴタがあり、映画は出来るには出来ても、私たちから見て、いいと思う作品はあまりなかったようでしたから……。

市川　「二十四時間の情事」[※3]は見ていないんですけれど、傑作だそうですね。あれもあっちが主体になって、大映はお金を出しているんだけれど……。

——その大映の日本での宣伝が徹底しなかったと思います。それに邦画の番組にのせたことも一般に認められなかった原因じゃないでしょうか？

市川　こんどは、こっちが主導権をとるということで話を進めたんですがね。しかし向うにはユニオンというものがあるから、スタッフというのは当然動員されてくるんじゃないかと思います。これが相当に賃金が高いんですね。きっと助監督さんでも、ぼくらの倍くらいとってるんじゃないかな。

●●• 狂気の沙汰の撮影現場

——俳優でも監督でも、一年に一本か二本撮ってれば生活できるといいますからね。

市川　俳優さんにしたって、たとえばブリジット・バルドーだって三千万か四千万でしょう。

――なにしろ向うの一派は千万単位なんでしょうからね。日本では百万単位のようですから、ケタがちがいますね。

市川　だから合作がよく計画倒れになるのは、あちらのユニオンがそうとう強い発言権を持ってるからなんでしょう。こちらから主な連中がいっても、向うからもついてくれなきゃなりませんから、その人件費なんかが問題です。

――でも、こんどは計画倒れにならないように、是非成功していただきたいですね。市川さんも途中で怒ってなげ出さないで下さいよ（笑）。

市川　それはやるとなれば、執拗にねばります。いい意味のテスト・ケースとしてうまいことやります。向うの監督さんがこっちへきてやっているんですから、こっちから向うへいって作れないことはないと思うんですよ。金力や条件はちがうけれども。

――でも撮影所の設備は、フランスのは案外貧弱だとききますよ。岸（惠子）さん、そんなこと言っていませんでしたか。

市川　岸さんは撮影所のことはよく知らないらしいですね。旦那さん（イヴ・シャンピ監督）はドキュメンタリー派だから。ちょっと聞いてみたんですけれども、あまりよく精通していなかったようですね、ただこっちの勘でいえば、日本よりも基本的なものは非常に整備されていると思いますよ。

――ローマのチネ・チッタは立派だとききますけれど……。

市川　フランスの映画は、たっぱの高いセットを組んでいるんじゃないですか。だからそれをライティングするだけの機材があるんじゃないですか。カメラがそういうなかでとらえていくだけのね。日本よりも基本的にはきちんとしているような気がするな。まあ、ルイ・マルの写真なんか見ても、レンズはライツで、フィルムはやっぱりフィルムでしょう。最近日本でもイーストマンを使っていますし、白黒でも、黒さんの「用心棒」もイーストマンでしょう。だからそんなにハンディはないんですよ。やっぱり作り方と機構と、それから設備は、おそらく向うのほうがちゃんとしているんじゃないでしょうか。ぼくはだいたい舶来趣味のほうなんで、憧れていますけれども、そういうのであっちのほうがよく見えるんでしょうけれども、でも日本が設備がちゃんとしているということは絶対にあり得ないですよ。日本は、日活にしたって東宝にしたって、ぼくはずいぶん渡り鳥で歩きましたが、それは活気があるだけですよ。なんか、封切に間に合わないぞ、きょうは徹夜だぞなんていって、わあッといっているような活気はあるんですね。だけど基本的な意味ではどこか狂っているはずですよ。

――向うの撮影所は撮影中はとても静かだそうです。

市川　日本みたいに撮ってる最中にどなる、その横でガンガン、バンバンやってセットをいじってるなんてこと、そのなかで撮るなんて、あれほんまに特殊技術ですよ。監督にしたって、カメラマンにしたって、俳優にしたって、なにものかを創りだすんですから、あの喧噪のなかでやるというのは少し無理ですよ。ロケーションとかいうときには、そういう喧噪のなかで撮ることはありますね。それはそういう雰囲気をつかまえるためでしょう。ステージのなかはもう少しちがった形の、創造する雰囲気というのが必要ですよね。日本のは狂った活気ですよ。テレビが似ていますよね。映画の悪いところだけ受けついでいるんじゃないですか。

●●興味はつきないテレビの世界

――しかしテレビの世界の活気というのか、緊張というものはまた別ですね。

市川　それは思いますよ。テレビの設備というのは、技術的にはたいへんなものですよ。テレビの進歩というのは、ものすごいスピードですね。ワイプといったら、ワイプ、何んでも手ひとつでいけるように、そういう機械をどんどん購入しているでしょう。ただあれは、精神が入ればいいんですよ。あのなかに精神がはいったらこわいですよ。

――そろそろ入りかけているんじゃないですか。

市川　そうですか？

――市川さんなんかが演出なさって、いれかけていらっしゃるでしょう(笑)。

市川　あれは気分転換で、まだ実験の段階ですよ。

――私は柄にもなく映画の解説をたのまれてテレビに出ましたが、あの秒の世界にのっていくのは大変なことだと思いました。あの秒で廻転する世界、あれは特殊な感覚ですね。

市川　ひとつの現代の病源体ですよ。

――ドラマの演出も、やっぱり秒で計算されるわけでしょう。

市川　ええ、そうですよ。だからぼくはドラマの演出をすると、腰が痛うなるんですよね。階段を上がったり下がったりするんですよ。サブコンからステージまで、フォーンで言っても、あれは一方通行で、こちらで言うだけで、向うからはなんの反応もないでしょう。それでは納得できないからというので、原始的な方法でやるわけですね。だから腰が痛うなるわけです。はじまる一秒前でも、下におりてごちゃごちゃやっていますよ。みんな平気ですよ、あの世界に暮している人は。

——だからあちらの人たちは秒の世界にとけこんで、体が秒になっているわけですよ。ところが私なんか、秒でもないし、一分ずつのきざみでもないんですよ。まあ三十分ぐらいの単位で生きているんですよね。それが急に一秒のなかに押しこめられちゃうんですから……でも市川さんは、テレビのほうも並行しておやりになるんですか。まだ趣味の程度ですか。

市川　趣味じゃなくて生活です。それはいい意味の気分転換と、それから生活ですね、気分転換というのは、なんかぐっと一本の作に自分でしぼりあげているやつを、ふっとふっきる意味において。それから、あっちの技術を吸収するということと、それからタダじゃないですから、なんぼかいただく、それだけですよ。三位一体になっているのが理由です。

——でもテレビそのもの、つまりテレビの実体というようなものに対する興味もおありになるわけでしょう。

市川　つきつめれば、おもしろい問題がいろいろ出てくるだろうと思いますね。やっぱりテレビというのは、見送るわけにはいかんでしょう。これを見送ると三振しちゃいますね。見送れない存在ですよ。だから映画会社がテレビをやっちゃいかんといっているのは、ほんまにそのこと自体、ずれているんですね。どんどんあっちから吸収したほうがいいですよ。

●「黒い十人の女」の主演女優

——「黒い十人の女」では大勢の女優さんをお使いになったわけですが、岸さんはたしか市川さんの作品にでるのは二度めですね。

市川　岸君は、「おとうと」のときよりも今度のほうが、僕自身としてはとっても買っているんですよ。

——そうですね。岸さんの新劇女優の役というのは立派だったですね。

市川　岸君は俳優さんというカラからちょっと抜けた、まあ、社会人ですね。女優さんに徹しているんですね、中途半端な女優さんではないんですよ。だから社会人でいけるんですね。

——岸さんという人は、日本にいてもあのくらいになれたかもしれないけれども、やはりフランスで生活したということが、あの人の人間というものの自信……になっているんですね。

市川　つまりあの人の生まれながらの生活と、フランスにおける人間関係がうまく融和しちゃったんじゃないですか。

――お富士さんもなかなかよかったと思うんですけれど。岸さんとはりあって。

市川　どこかでわかったんですね。開眼していますね。なんでわかったのか知らないけれど。

――開眼は「女経」あたりからじゃないかしら――。

市川　自分でやるんですよ。ときどき台詞をすぱっと落してみたり、間をパッとおいてみたりするんですよね、公式的になにかやるんじゃなくて――お芝居としても、やっているほうが面白い、そういうことをやるんですよ。だから、どこかでわかったんですね。あれは大女優の素質十分ですよ、いまのところ。

――お富士さんというと、ただ美しいだけという感じから最近はちょっと……成長してこられたですね。

市川　たしかにあれは大女優ですね。日本の映画界ではすごいと思いますよ、あれだけのボリュームと、あれだけの顔と、まったく鬼に金棒でしょうね。

――きれいなだけじゃ困るなと思っていたけれども、きれいで、とにかくあそこまでこられたということはね。

市川　無理に汚くする必要はないんですけれども、その人になりきるということになればいいんで、それに近づいているんじゃないですか。でもまだ衣裳の好みみたいなものはあるんですね、この衣裳はだめだみたいなこというんですね。そういう紬みたいのがいいぞというと、これは肥ってみえるとか、だらんとしていやだなどというんです。だから知らんまに、今度はこれ着せてくれなんていっておくと、時々着てくるんですよ。少し変わってきましたね。頭でもぴたっとしてくれとかなんとかいうと、はじめは、あら！　なんて言っていたけれども、だんだんぴたっとしてくるようになった。役というものに同化してくればいいわけですよ。そういう人がいそうだということになればいいんですけれどもね。こういった要素がお富士さん なりに、お富士さん自身にも入っているわけです。だからお富士さんはとても希望がもてます。

●●・夫唱婦随？のシナリオ実作

――ところで、和田夏十（市川夫人）さんがシナリオで協力されるようになったのは、専っぱら市川さん自身の希望によってということですが……。

市川　ええ、いまでも書きたくないといっています。

――それでは市川さんがいやだとおっしゃる奥さんを……。

市川　ええ、まあ、助けてもらっているわけです。主婦としていろいろ煩雑な仕事がありますね。その中から何かを創造するということは、なかなかうまくいかない場合もあって大変らしいですよ。本人にしてみれば、きょうの晩ご飯はなににしようかというときに、なんとかしてくれやみたいに、この男の尻ばかりもちこまれては。

――それはたいへんなことですわ。

市川　でもやっぱり時間仕事ですか、そういうものの上に立っているわけでしょう、われわれの仕事は。だからこっちについてこれないというわけですよ。その時間というものに。才能のことは、自分にあまりそういう芽がないと本人は言っていますけれども、ぼくはそれだけはちがう。あの人の才能というのは、いちおう高く評価しているわけですけれどもね。けれども、その実際的な処置ですね。主婦と仕事の両立する処理というのはやっぱり、そうとうしんどいだろうと思いますがね。

――わたしはいつも考えるのですけれど、……女が仕事を持っている場合、例え結婚していても、生活が自分を中心にまわっているのなら、やり易いと思いますが……でも、一応主婦として、旦那さんや子供さんがあり、その旦那さんを中心に生活がまわっている状態でお仕事をなさるのは、とても大変なことだと思いますね。でも、そのなかでやっていらっしゃるということは、和田さんもお偉いですし、やっぱり市川さんにも理解がおありなんですね。

市川　理解があるというより、夫婦ですから、あんまり言わなくてもツーカーとわかってくれるところがあるので、便利しているようなわけです。これからは、あんまり無理なおしつけをしないで、夏十さんにむくもので、やりたいものを、やってもらうようにしたいと思ってはいるんです。

――そんな風に女性の才能をたいへんよく理解していらっしゃるということは、やはり市川さんがフェミニストだということですね。

市川　ああ、そうですか（笑）。

――ではこのへんで、どうもありがとうございました。

（61年7月上旬号）

※1 「黒い十人の女」大映・61　監督：市川崑　出演：山本富士子、岸惠子、

中村玉緒、岸田今日子、宮城まり子　テレビのプロデューサーの松吉は妻と共謀して死んだことにする。すると松吉とかかわりを持った女たちが、それぞれ思惑をかかえて集まり、徐々に彼女たちの本性が現れる。

※2　「鍵」

大映・59　監督：市川崑　出演：京マチ子、中村鴈治郎、叶順子、仲代達矢　谷崎潤一郎の小説の映画化。初老を迎えた男とその妻、娘と恋人の医師の4人のただならぬ関係を官能的に描く。

※3　「二十四時間の情事」

フランス＝大映・59　監督：アラン・レネ　出演：エマニュエル・リヴァ、岡田英次　広島にロケに来たフランス人女優と、日本人の建築家のひと夜の情事を描く。女「私、ヒロシマで何もかも見たわ」、男「いや、君は何も見ていない」。女の戦時中の回想と、その意識の流れが、建築技師との情事と交錯する。

「黒い十人の女」　©KADOKAWA 1961

「黒い十人の女」と、その時代

小藤田千栄子

この取材の時点で、市川崑監督は「おとうと」を撮りあげて、カンヌ映画祭に出品され、ついで「黒い十人の女」（1961年／大映東京）が完成したばかりの頃。この映画は、テレビのプロデューサー（船越英二）の周囲に、多くの女性たちが群れている話である。妻（山本富士子）のほかに、岸惠子、宮城まり子、中村玉緒、岸田今日子などがからみ、ひとくせのある女優さんたちの登場が、とても見ごたえのある作品であった。

この時代の市川崑は、大映の監督であったが、映画製作のプロセスそのものに、大きな疑問を持っていたように伺うことが出来る。独立プロ作品の、配給網への不当な乗せ方、さらには黒澤明監督の、粘り強さへの賛同など、さすがと思える力強い発言の数々を、読むことが出来る。

この時点で、市川崑監督は、映画製作への、大きな展望を持っていたようで、それらが、やがて「太平洋ひとりぼっち」や「東京オリンピック」に繋がっていく。さらにはテレビの世界のすごさについて語り、「黒い十人の女」に出演の女優さんたちの凄さについても。

そして最後に、市川崑夫人であり、シナリオ作家の和田夏十について。夫人がシナリオを書くようになったのは、監督自身の要望だそうである。だが同時に、主婦と仕事の両立は、やはり相当にしんどいと思いますねと、この時代から理解を示しているのが、素晴らしいと思った。

キネマ旬報・編
映画の黄金時代
銀幕のスターたちは語る

発 行 日　2016年6月15日

著　　者　山本恭子　ほか
発 行 人　清水勝之
編　　集　青木眞弥
　　　　　原田雅昭
デザイン　友成　修　表紙データ作成：枠元治美（ワーク）
写真協力　川喜多記念映画文化財団
　　　　　KADOKAWA／松竹／東映／東宝／日活

発 行 所　株式会社キネマ旬報社
　　　　　〒102-0074
　　　　　東京都千代田区九段南3-7-14　VORT九段
　　　　　TEL.03-6268-9701
　　　　　FAX.03-6268-9712
　　　　　http://www.kinejun.com
印刷・製本　株式会社精興社

ISBN 978-4-87376-441-2